획劃: 교육의 미래를 그리다

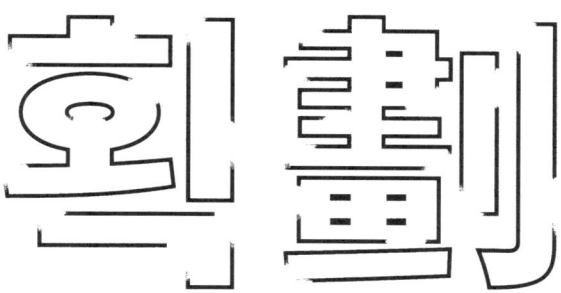

획 劃
교육의 미래를 그리다

곽덕훈 지음

에듀테크, 47년의 여정과 그 너머

i-Scream media

- 이 책에 담긴 내용은 저자의 기억을 토대로 구성된 것으로, 일부 연도나 날짜, 명칭 등에 다소간의 착오가 있을 수 있음을 너그러이 헤아려주시기 바랍니다.

눈밭을 걸을 때는 어지러이 걷지 마라
누군가의 이정표가 된다

곽덕훈

최초, 처음
'에듀테크'라는 길을 만든 사람이 있다.
그는 길 위에 질서를 놓았고 의미를 심었다.

길을 걸어본 사람은 안다.
처음이라는 수식 안에 숨어 있는
고뇌와 고통과 집념의 시간들을.
길을 만든 사람
길을 다듬은 사람
그의 걸음은 배우는 방식을 바꾸었다.

• 프롤로그 •

가르친다는 것은 결국, 사람을 믿는 일이다

나는 언제나 컴퓨터 기술자였다. 숫자와 코드, 논리와 데이터의 세계 속에 살았고, 교육은 그저 나와는 다른 세상의 일이라고 생각했다. 그러나 우연처럼 시작된 교육과의 만남은 나의 인생을 바꿨다. 처음엔 한발 물러서 있었다. 컴퓨터는 교단에 낯설었고, 라디오와 TV는 교육자와 학습자 사이에 거리감을 느끼게 했다. 1983년 컴퓨터 교육이 모든 대학에 보편화되기 시작하면서 한국방송통신대학교도 새로운 과목 개설에 나섰다. 당시만 해도 여건이 열악해 어려움이 많았지만, 대학 당국은 시대의 흐름에 발맞춰 모든 학과 학생들에게 교양과목으로 '컴퓨터개론'을 가르치기로 결정했다. 동료 교수와 함께 이 과목의 교재를 집필하고 강의를 맡게 되었다.

어느 날 컴퓨터개론 강의를 듣던 한 학생으로부터 손 글씨로

꾹꾹 눌러 쓴 편지 한 통이 도착했다. 방송 강의를 들으며 공부하고 있다는 한 농부의 편지였다. 그 글에서 배움에 대한 진실한 열정을 느꼈고, 교육이 기술과 만나면 학습의 수월성과 접근성을 얼마나 넓힐 수 있는지를 새삼 깨달았다.

그날 이후 스스로를 '교육의 기술자'라 부르며, 교육과 기술의 접점을 넓히는 일을 멈추지 않게 되었다.

산티아고 순례길은 세계에서 가장 유명한 길이다. 하루 평균 1,300명 이상이 이 길을 걷고 있으며, 2024년 한 해에만 49만 9천여 명이 산티아고데콤포스텔라에 도착해 '콤포스텔라 인증서'를 받았다. 한국에서도 매년 약 5천 명이 이 길을 찾는다. 많은 이들은 그 길을 '치유와 성장의 여정'이라 부른다.

이 길이 처음부터 있었던 것은 아니다. 프랑스 생장피에드포르에서 시작해 스페인 북서부까지 이어지는 780km의 이 길은 약 300년에 걸쳐 수많은 사람들의 신념과 인내, 실천이 축적된 결과다. 9세기경 성 야고보의 유해가 발견되며 의미가 부여되었다. 11세기에는 나바라와 레온의 왕이 도로, 숙소, 다리, 보호 시스템을 정비했다. 12세기에는 수도사 에므리 피코가 『산티아고 순례 안내서』를 집필하며 체계가 잡혔다. 13세기에 이르러 지금과 같은 대중적인 길이 완성되었다.

오늘날 순례자 한 명이 30일간 걷는 길은 무려 300년이 넘는 시간이 필요했던 길이다. 그 이야기를 알게 되었을 때, 자연스레 '교육'이라는 단어를 떠올렸다.

하나의 지식을 익히는 데는 며칠, 몇 개월, 몇 년이면 충분할지 모른다. 그러나 그 배움이 가능하기까지는 수십 년, 어쩌면 수백 년을 이어온 철학, 제도, 시스템, 기술이 있어야 한다. 나는 그 시스템과 철학의 선을 긋는 일을 해왔다. 어쩌면 교육이라는 순례길을 만드는 사람으로 살아온 셈이다.

처음 이 길에 발을 디딘 시기에는 '이러닝'이나 '에듀테크'라는 말조차 없었고 단지 '원격 교육'이 만연한 시절이었다. 코드와 논리 너머에 사람의 배움이 있었고 기술은 그것을 돕기 위해 존재해야 한다는 사실을 기반으로, 기술을 교육에 적용하고, 배움의 문턱을 낮추고, 더 많은 이가 시간과 공간의 제약 없이 배울 수 있도록 하는 일이야말로 내가 해야 할 가장 의미 있는 일이었다.

물론 그 길은 늘 순탄하지 않았다. 컴퓨터는 교단에 어울리지 않았고, 라디오와 TV는 교사와 학습자의 거리를 좁히기엔 부족했다. 기술이 교육을 휘두를 수 있다는 우려, 변화에 대한 거부감, 시대를 너무 앞서간다는 비판도 있었다. 그러나 나는 믿었다. 세상이 바뀌고 학습자가 달라지는 만큼, 교실과 교사, 제도와 콘텐츠도 함께 바뀌어야 한다고.

그럴 때마다 마음속으로 한 구절을 되뇌었다.

"눈 덮인 들판을 걸어갈 때는 어지러이 걷지 마라.

오늘 내가 남긴 발자국이 뒤따르는 이들의 이정표가 되니."

조선 중기의 고승, 서산대사의 이 시구는 늘 내 마음을 붙잡았다. 내가 걷는 길이 나만의 길이 아니라는 예감은 언제나 나를 다잡는 힘이 되었다.

이 책은 단지 내 개인의 서사를 풀어낸 회고록이 아니다. 대한민국 교육의 디지털화 과정을 한 사람의 시선으로 성실히 기록한 사료이자, 우리가 어떻게 기술과 배움을 연결해왔는지를 되짚는 성찰의 문서다. 단순히 어떤 프로젝트를 성공시켰다는 실적의 나열이 아니라, '왜 그 일을 해야만 했는가'에 대한 기록이다.

『획(劃)』이라는 제목은 '선을 긋는다'는 뜻을 가진다. 어떤 기준을 세우고, 방향을 잡고, 의미를 남기는 행위다. 이 책을 통해 내가 어떤 선을 그어왔는지, 그리고 그 선이 다음 사람에게 어떤 이정표가 될 수 있을지를 조용히 보여주고자 한다.

에듀테크는 단지 기술의 문제가 아니다. 사람에 대한 믿음, 변화에 대한 태도, 그리고 교육의 본질을 유지하면서도 확장해나가는 상상력의 문제다. 그 상상력을 현실로 만들기 위해 연구했고, 도전했고, 버텼다. 그리고 마침내 많은 동료들과 함께 걸을 수 있었다. 이 책은 나 혼자의 길이 아니다. 함께 고민하고 실험하고 참여했던 수많은 사람의 길이다.

  이 책이 다음 세대에게 한 줄의 선이 되기를 바란다. 더 나은 교육을 꿈꾸는 이들에게, 길 위에서 방향을 찾는 이들에게, 그리고 교육을 처음 시작하는 이들에게 이 글이 작은 이정표가 되기를 바란다.

가르친다는 것은 결국, 사람을 믿는 일이다.
그 믿음이 있었기에, 기술을 붙잡았고
그 믿음이 있었기에, 교육의 미래를 상상할 수 있었다.
이 책은 그 믿음을 쌓아 올린 시간의 기록이다.
그리고 그 믿음이 다음 사람의 용기가 되기를 바란다.

  이 책이 단지 한 사람의 회고가 아니라, 한 시대의 교육과 그 가능성을 이야기하는 길이 되기를 바란다. 그리하여 당신의 그 길이 조금이라도 아름답기를, 그 길 위에서 당신이 다시 '획'을 긋기를 소망한다.

2025년 여름
성찰과 희망을 담아
곽덕훈 씀

• 차례 •

프롤로그 가르친다는 것은 결국, 사람을 믿는 일이다   6
추천사   『획劃』을 강력하게 추천할 수밖에 없는 이유   14

Part 1

선을 긋다

기술로 교육을 만나다

01	칠판과 분필의 시대, 전산청년이 교문을 넘다	27
02	한국방송통신대학교에서 에듀테크의 미래를 보다	33
03	기술을 배움의 사다리로 삼다	38
04	모뎀 소리 속에서 사이버교육을 발견하다	44
05	디지털 강의실을 세상에 처음 내놓다	55
06	사이버교육을 교육의 주류로 끌어올리다	63
07	사이버대학교의 제도화를 이끌다	67
# Wisdom from Work 시작하는 힘		78

Part 2

선을 이으려면 지도를 펼쳐야 한다
민간과 공공의 접점에서 교육을 확장하다

08	KERIS에서 교육의 디지털 시스템을 설계하다	87
09	EBS에서 공교육의 디지털 대전환을 추진하다	97
10	공공과 민간이 함께 교육 콘텐츠를 진화시키다	102
11	스마트러닝으로 수업의 시간을 재구성하다	112
12	아이스크림미디어에서 교육과 기술의 교차점을 찾다	116
13	교실에서 만나는 AI, 교사는 사라지지 않는다	122
# Wisdom from Work 함께하는 힘		134

Part 3

다음 선을 그리다
교육의 미래를 설계하다

14	코로나19, 대전환을 가져오다	143
15	교육의 본질은 질문이다	148
16	디지털 격차를 줄이고 교육의 평등을 지향하다	155
17	교사와 학생의 변화를 기술과 함께 만들다	161
18	교사의 미래를 학습 디자이너로 다시 정의하다	166
19	교육의 미래, 함께 설계하다	175
20	지역사회와 학부모를 교육의 주체로 초대하다	181
21	스스로 인물이 되는 교육, 미래교육의 길을 묻다	186
22	기술 속에 교육 철학을 담다	192
23	에듀테크의 발전을 사회적 기여로 완성하다	197
# Wisdom from Work 마무리하는 힘		214

에필로그 내가 그은 선 위에, 당신이 새로운 선을 그리기를		218

부록 1	걸어온 길: 국내외 학술연구 및 발표 활동	222
부록 2	편집을 마치며: 한 걸음 앞을 걷는 사람	235

• 추천사 •

『획劃』을 강력하게
추천할 수밖에 없는 이유

곽 교수님께서 자신이 걸어오신 지난 시간을 정리하는 책을 쓰신다는 얘기를 들었을 때, 과연 어떤 내용일까 하는 궁금증이 생겼습니다. 보통 이런 책은 자전적 에세이여서, 흔히는 은근히 자기 자랑을 하는 내용으로 채워지는 것을 보게 되는데, 제가 아는 교수님은 그런 내용으로 책을 쓰실 분이 아니라고 생각했기 때문입니다.

그동안 교수님은 남들보다 한발 앞서서 생각하는 혜안으로 미래를 먼저 대비하고, 미래를 먼저 실현하는 모습을 많이 보여주셨습니다. 그런 과정에서는 선지자들이 그러했던 것처럼 주변 사람들한테 오해를 받거나 심할 정도의 비난을 받기도 하셨고 때로는 큰 곤욕을 치르기도 하셨습니다. 그렇지만 늘 자신이 몸담고 계신 대학, 기관을 위해 이러한 어려움을 기꺼이 감내하셨습니다. 그런 분이기에 이번 책에 대해서도 교수님이 우리에게 어떤 내용으로, 어떤 시사를 주실지 궁금하기도 하고 기대도 하게 된 것입니다.

"길 위에 질서를 놓았고, 의미를 심었다"라는 교수님의 첫 문장은 이러한 궁금증과 기대를 넘어 망치로 머리를 한 대 맞은 듯한 충격으로 다가왔습니다. 이 한 문장만으로도 교수님이 걸어오신 47년의 여정이 단숨에 그려졌기 때문입니다. 그동안 교수님이 걸어오신 길을 이것보다 잘 표현하기는 쉽지 않을 것입니다. 오랜 시간 한 가지 일에 집중하고, 흔들리지 않는 태도로 길을 닦는다는 것이 얼마나 대단한 일인지를 다시금 느끼게 되었습니다.

이 책에는 교수님의 삶을 관통하는 철학, 곧 진정성, 진실성, 성실성이 고스란히 녹아 있습니다. '일'이란 무엇인지, 그 일을 어떻게 대해야 하는지, '교육'이란 무엇인지, 그것을 어떻게 바라보고 실천해야 하는지, 그리고 '에듀테크'란 무엇이며, 어떤 방향으로 나아가야 하는지를 사려 깊고도 따뜻하게, 때로는 날카롭고도 단호하게 전해주는 책입니다. 이 책이 단지 한 사람의 회고록을 넘어, 지금을 살아가는 우리 모두에게 미래를 대비하는 길을 제시하는 이 시대의 필독서가 되기를 진심으로 바랍니다.

— **고성환** 한국방송통신대학교 총장

AI 시대, 온라인 교육은 더 이상 선택이 아닌 필수가 되었습니다. 그러나 이런 흐름이 본격화되기 훨씬 이전부터, 사이버교육의 가능성을 내다본 분이 계십니다. 곽덕훈 박사님은 시대를 앞서가는 혜안을 지닌 교육 혁신가로서, 사이버대학의 길을 누구보다 먼저 열어주셨습니다.

당시 많은 이가 낯설어하고 망설일 때, 박사님은 사이버대학의 아버지로서 묵묵히 미래교육의 길을 닦아오셨습니다. 오해와 비판이 따랐지만, 그는 흔들림 없이 가장 앞에서 새로운 길을 제시하셨습니다. 그분이 아니었다면 오늘날 우리가 누리고 있는 디지털 교육 환경은 훨씬 더디게 도래했을지도 모릅니다.

이 책은 단순한 회고가 아니라, 한 교육 개척자의 용기와 외로움, 그리고 굳은 신념이 담긴 귀중한 기록입니다. 저처럼 많은 분이 이 책을 통해 박사님의 발자취를 따라가며 미래교육의 방향을 다시 생각하게 되시길 바랍니다.

곽덕훈 박사님의 삶 자체가 바로, AI 시대 교육의 나침반입니다.

― **공병영** 한국원격대학협의회 회장, 글로벌사이버대학교 총장

사장님은 EBS의 미래 방향을 설계하고 교육방송의 가치를 실현하는 데 헌신하신 분입니다. 부장으로 일할 때 사장님을 모시

며 교육방송을 단순한 콘텐츠 제공이 아닌 국민에게 지식을 나누고 성장의 기회를 제공하는 공공 플랫폼으로 이끄시는 모습을 직접 지켜볼 수 있었습니다.

사장님은 새로운 프로그램을 기획하고 교육적 가치를 지키면서도 변화하는 미디어 환경에 맞춰 EBS를 혁신적으로 발전시키셨습니다. 특히 교육 현장의 소리와 학생들의 필요에 민감하게 반응하며 누구도 소외되지 않는 교육을 위해 늘 고민하셨습니다.

그 헌신적인 노력과 따뜻한 리더십은 저뿐만 아니라 많은 임직원들에게 깊은 귀감이 되었습니다.

사장이 되고 나서도 경영의 스승 역할을 해주셨습니다. 열정과 추진력은 누구도 흉내 낼 수 없을 정도였습니다.

이 책을 통해 그 여정과 철학을 다시 만날 수 있어 감사할 따름입니다.

— **김유열** 한국교육방송공사(EBS) 사장

곽덕훈 박사님은 도산 안창호 선생의 교육 정신을 시대에 맞게 구현하며, 교육 현장에서 이를 실천해온 대표적인 실천가이십니다. 박사님의 오랜 여정은 단순한 기술 개발을 넘어, 디지털 교육 생태계를 구축하고 이를 통해 인재를 기르는 교육 철학을 실천해온 살아 있는 증거입니다.

『획劃』은 디지털 교육의 기반을 다져온 과정은 물론, 교육이 사람을 기르고 사회를 세우는 일임을 증명한 한 교육자의 생생한 여정을 담고 있습니다. 특히 도산 선생의 '인물 양성' 정신을 오늘날 교육 현장에 실질적으로 구현해낸 사례로서, 이 책은 후대 교육자들에게 귀중한 이정표가 될 것입니다.

도산 선생은 '덕德·체體·지智'를 고루 갖춘 인물이야말로 나라의 기둥이 될 수 있다고 믿었습니다. 곽 박사님의 실천은 그 철학을 오늘날 디지털 교육 환경 속에서도 흔들림 없이 구현해낸 귀한 사례입니다.

도산의 정신을 오늘의 언어와 기술로 새롭게 해석하고 실천해오신 박사님의 걸음을 진심으로 존경하며, 이 책이 더 많은 이들에게 깊은 울림과 통찰을 전하길 바랍니다.

— **김철균** 도산아카데미 원장

한 사람의 삶의 궤적을 따라 읽는 것만으로도 깊은 감사의 마음이 들었습니다. 곽덕훈 부회장님은 언제나 미래를 생각하며, 시대가 요구하는 교육의 선을 꿋꿋하게 그어오셨습니다.『획劃: 교육의 미래를 그리다』는 단지 제도나 정책의 기록이 아닙니다. 그가 어떤 선을 어떻게 그었는지, 그리고 다음 세대는 어떤 선을 그어야 하는지를 따뜻하게 전해주는 조언의 책입니다. 각 Part

의 끝에 있는 'Wisdom from Work'는 교육계에 있지 않은 독자들에게도 울림을 주는 삶의 메시지입니다. 손자들에게 삶의 지혜를 들려주는 따뜻한 할아버지의 모습까지, 이 책은 시대의 스승이 들려주는 인생의 교과서입니다. 어떻게 살아야 할지 고민하는 젊은 세대가 있다면 주저 없이 이 책을 건네고 싶습니다.

— **박기석** 아이스크림미디어 회장

곽덕훈 부회장님은 기술을 교육에 접목한 분을 넘어 교육의 본질을 지키면서도 기술을 통해 새로운 가능성을 열어온 교육혁신가입니다. 교육에 기술적 사고를 연계해온 교육공학자로서 이 책을 읽으며 감탄한 점은 에듀테크 도입 초기의 도전과 시행착오가 하나의 단순한 경험으로 끝나지 않고, 교육의 철학과 원리에 대한 깊은 통찰로 이어지고 있다는 사실입니다.

특히 곽 부회장님이 강조하신 "기술은 사람을 대신하지 않고, 사람을 돕는다"라는 철학은 교육공학자의 사고와도 정확히 일치하는 부분입니다. AI와 디지털교과서, 원격 교육 시스템 등에서 경험을 공유하시면서, 교육에서 공학적 접근이 어떻게 현실에서 구현되고 그 과정에서 교사와 학생의 역할이 어떻게 재정립되었는지를 구체적으로 다루고 있어 큰 감명을 받았습니다.

이 책은 에듀테크 분야의 역사적 기록인 동시에 미래교육을 설계하고자 하는 교육공학자들에게 귀중한 나침반이 될 것입니다.

— **송해덕** 한국교육공학회 회장, 중앙대학교 교육학과 교수

    이 책에서 강조된 AI 기반 피드백 시스템과 AI 디지털교과서 사례는 기술이 어떻게 교사의 조력자가 될 수 있는지, 학생의 학습을 어떻게 촘촘히 지원할 수 있는지 명확히 보여줍니다. 교육이 단순한 지식 전달이 아니라, 학생의 성장을 돕고 교사의 가치를 확장하는 일임을 다시금 느꼈습니다.

    교육 기술의 발전이 단순한 효율을 넘어, 사람의 가능성을 확장하는 방향으로 이어져야 한다는 부회장님의 통찰은 오늘날 에듀테크 산업에 깊은 영감을 줍니다. 이 책은 미래교육을 고민하는 모든 교육자와 에듀테크 산업계에 명확한 방향을 제시하는 나침반입니다.

— **이길호** 한국에듀테크산업협회 회장, 타임교육C&P 대표이사

    부회장님은 한국 디지털 교육의 산증인이자, 교육과 기술의 접점을 누구보다 깊이 고민해온 분입니다. 특히 책에서 몇 번에 걸쳐 강조하신 "교육은 내비게이션이 아니라 나침반이어야 한다"는 말씀은, 기술 중심의 교육이 아닌 사람 중심의 교육을 지

향하는 저희 테크빌교육의 철학과도 깊이 맞닿아 있습니다. AI 와 메타버스, 디지털교과서 등 최신 기술을 다루면서도, 그 중심에 '사람'과 '인성'을 놓는 균형 감각은 모든 교육자가 새겨야 할 메시지입니다. 이 책은 단순한 회고가 아니라, 미래교육을 설계하는 디지털 교육기업들에게 주는 나침반입니다.

— **이형세** 한국디지털교육협회 회장, 테크빌교육 대표이사

곽덕훈 부회장님의 이 저서에는 한국방송통신대학교 교수로서 이러닝의 첫길을 여신 이후, 이러닝학회 회장, KERIS 원장, EBS 사장, 아이스크림미디어 부회장을 거치며 실천하신 수많은 혁신과 통찰이 녹아 있습니다. 특히, 디지털 교육의 태동기부터 오늘날 에듀테크의 정착과 도약에 이르기까지의 여정은 단순한 회고를 넘어, 에듀테크의 궤적을 담아낸 귀중한 기록이자 학문과 산업의 경계를 잇는 미래 전략서입니다.

에듀테크학회 회장으로서, 그리고 디지털 교육을 연구하는 한 사람으로서, 부회장님께 깊은 존경과 감사를 드리며, 많은 사람이 이 저서를 통해 대한민국 교육의 가능성과 미래를 다시 꿈꾸게 되기를 바랍니다.

— **이호건** 에듀테크학회 회장

곽덕훈 선생님은 교육학을 전공하지 않았습니다. 그러나 교육공학을 공부하고 있는 저에게 그 누구보다 큰 가르침을 준 분입니다. 박사님은 삶 전체로 '교육이란 무엇인가'라는 질문에 답해온 분이며, 저에게는 큰 스승이자 롤모델입니다. 『획劃』은 교육이라는 일에 조금이라도 몸담고 있는 사람이라면 읽어볼 필요가 있는 책입니다.

에듀테크와 이러닝 60년사의 47년을 온몸으로 살아낸 한 사람의 기록이자, 교육의 본질을 되묻게 하는 성찰의 아카이브입니다. 교육과 테크놀로지의 관계에 대하여 성찰하려는 분들에게 꼭 권합니다. 대한민국을 넘어 전 세계 교육자들이 널리 읽어야 하는 가치 있는 책이 나왔다는 사실이 참으로 고맙고 반갑습니다.

― **임철일** 서울대학교 교육학과 교수, 미래교육혁신센터 센터장

박사님은 전 한국교육학술정보원KERIS 원장으로서 디지털 교육 플랫폼의 기초를 닦고, 한국 교육의 디지털 전환을 선도하신 분입니다. 그동안 박사님께서 KERIS 원장으로 남기신 족적은 이미 많은 이가 기억하고 있지만, 이 책을 통해 그 일들이 어떻게 시작되었고, 그 과정에서 어떤 고민과 도전이 있었는지를 깊이 이해하게 되었습니다.

단순한 성과의 나열이 아니라, 기술과 교육을 연결하는 철학, 사람을 중심에 둔 교육의 가치를 어떻게 지켜오셨는지 알 수 있어 감동적이었습니다. 이 책은 박사님의 삶을 넘어, 우리나라 에듀테크 역사의 중요한 사료로서의 가치가 있습니다. 미래교육을 고민하는 모든 이들에게 이 책을 강력히 추천합니다.

— **정제영** 한국교육학술정보원(KERIS) 원장, 이화여자대학교 교육학과 교수

PART
1

선을 긋다

기술로 교육을 만나다

01
칠판과 분필의 시대, 전산청년이 교문을 넘다

"분필 가루 속에 숨은 기술의 씨앗"

　잠시 시간을 거슬러 1970년대로 돌아가보자. 바람은 창틈을 파고들고, 책상은 오래된 나무로 만들어져 삐걱거리며, 분필은 손끝에서 부서지며 연기처럼 사라지던 그 시절로. 1970년대 후반의 대한민국은 산업화의 기세가 거세게 몰아치던 시기다. 거리에는 아직 전차의 흔적이 남아 있었고, 시내를 누비던 버스는 검은 매연을 길게 내뿜으며 종점으로 향했다. 대학가에는 군 복무를 마친 복학생들과 갓 입학한 청년들이 섞여 뜨거운 이상과 생존의 언어들이 오갔고, 교실에는 여전히 낡은 나무 책상과 분필 가루가 먼지처럼 흩날리고 있었다.
　그 한가운데 있었다. 군 복무를 마치고 복학하여 1976년 2월,

대학을 졸업하고 첫 직장으로 제일은행 사무개선부에 들어갔다. 그곳에서 인생 처음으로 '컴퓨터'라는 물건을 마주했다. 일본 후지쯔FACOM의 대형 컴퓨터는 거대한 철제 장치처럼 느껴졌고, 어셈블리어Assembly Language로 짜인 프로그램은 이해하기 쉽지 않았다. 서울과 부산 간의 보통예금 온라인화 프로젝트. 지금은 너무도 당연한 온라인 뱅킹 시스템이지만, 그 당시에는 철저한 문서화와 정확한 절차, 한 줄의 오차도 허락되지 않는 개발 프로세스가 전부 어셈블리어로 작성되었다. 일본 시스템 분석가 및 엔지니어들과 함께 작업하면서 철저함과 치밀함이 내 몸에 새겨졌고, 이는 훗날 각종 프로젝트 수행 및 다양한 교육 시스템을 설계하고 운영할 때 가장 든든한 기반이 되었다.

하지만 그 무렵까지도 나의 관심은 어디까지나 '기술'에 있었지 '교육'에는 있지 않았다. 교육과의 만남은 뜻밖이었다. 1978년, 단국대학교 부설 전산교육원 차장으로 자리를 옮기게 되었을 때 처음으로 교문을 넘었다. 그리고 그곳에서 교육이라는 세계의 '풍경'을 마주했다. 분필 냄새, 칠판의 흠집, 삐걱거리는 나무 의자, 교수의 옆구리에 끼워진 출석부. 모든 것이 기술과는 거리가 멀어 보였다. 그러나 묘하게도 그 낡고 정적인 공간에서 새로운 가능성의 냄새를 맡았다. 아직 아무도 쓰지 않은 종이 위에 첫 줄을 긋는 듯한 감정이었다.

당시 COBOL이라는 언어로 급여 처리와 학사 행정 시스템을 구축하는 업무를 맡고 있었다. 이 작업은 표면적으로는 단순한 업무 자동화였지만, 내게는 기술로 교육 기관의 근간을 바꾸는 첫걸음이었다. 동시에 교양과목으로 '전산학개론'이라는 과목을 신설해 강의도 시작했다. 이것이 내가 교육자라는 이름을 처음으로 의식한 순간이었다. 칠판 앞에 서서 '0'과 '1'의 세계를 설명할 때 학생들의 눈에 비친 생경한 빛. 그 빛이 내게 질문을 던졌다.

"왜 이걸 배워야 하죠?"

이 질문은 단순히 하나의 호기심이 아니었다. 그것은 교육과 기술 사이의 간극, 전통과 혁신 사이의 균열을 드러내는 질문이었다. 컴퓨터는 도입 초기에 일부 교수들에게 여전히 낯선 존재였고 값비싼 계산기로 여겨졌으며, 전산은 행정에나 쓰이는 기술로 간주되었다. 교육 방법이나 내용에 컴퓨터를 접목한다는 것은 거의 이단에 가까운 발상이었다. 그런 시대였다.

그렇기에 더욱 조심스러웠다. 기술이 교육을 침범해서는 안 된다는 일종의 금기. 그러나 그 경계선을 넘고 싶었다. 넘지 않으면 안 된다고 느꼈다.

당시는 컴퓨터 단말기도 부족했고, 응용 프로그램은 모두 자체 개발한 것이었다. 심야의 전산실에서 수없이 컴파일을 실행하고 출력 결과를 확인하며, 교육 시스템의 디지털화 가능성을 실험했다. 컴퓨터를 이용하여 입시 관리 및 학사 관리 등의 제반 업무를 수행하면서 신속하고 정확한 분류 및 성적 처리를 통해 결과가 출력되는 순간, 확신했다. "기술이 교육의 손이 될 수 있다." 그리고 그 손은 더 멀리 닿을 수 있다는 희망을 품고 있었다.

처음부터 학생들은 컴퓨터를 두려워했다. 아니, '낯설어했다'는 표현이 더 맞을 것이다. '디지털'이라는 개념조차 없던 시절, 컴퓨터라는 단어는 기계공학이나 군사기술에 가까운 어감이었다. 그러니 교양과목으로 전산학개론을 듣게 된 학생들의 반응은 충분히 예상 가능한 것이었다.

가장 인상 깊게 기억하는 수업 중 하나는 전산 용어의 개념을 설명하던 날이었다. 학생 한 명이 수업이 끝난 후 조심스레 물었다.

"교수님, 이걸 공부해서 뭐가 좋은가요?"

그 질문 앞에서 한동안 말을 잇지 못했다. 왜냐하면 그 질문은 곧 나에게 던지는 질문이었기 때문이다.

그날 밤 강의안을 다시 꺼내 들었다. 단순히 지식이나 명령어를 설명하는 것이 아니라, 이것이 학생들의 삶과 어떻게 연결되는지 이야기할 수 있어야겠다고 다짐했다. 그것이 교육자의 책임이라는 생각이 들었다. 기술자가 아닌, 교육 기술자로서의 자각이 그날부터 시작되었다.

　그 무렵 대학은 보수와 혁신이 교차하던 혼란의 시기였다. 일부 교수는 "컴퓨터가 대학에 왜 필요하냐"라는 식으로 의아한 시선을 보냈고, 일부는 새로운 시대의 흐름을 이해하고 내게 컴퓨터를 좀 더 알 수 있는 자료를 부탁하기도 했다. 그 둘 사이에서 균형을 잡아야 했다. 너무 앞서가면 받아들여지지 않았고, 너무 조심스러우면 변화를 일으킬 수 없었다. 그래서 기술을 '조용히' 교육 현장에 스며들게 하는 방식을 택했다. 전면에 나서기보다 실용적 결과로 설득하고, 성실함으로 신뢰를 얻고자 했다.

　한번은 입시 관리 프로그램에 오류가 생겨 밤을 새운 적이 있다. 그날도 새벽까지 전산실 불은 꺼지지 않았다. 대학 입시 지원자 수 증가로 인해 데이터 양이 평소보다 훨씬 많았고, 프로그래밍 언어는 여전히 COBOL이었다. 실수였다. 성적 등급을 계산하는 단 한 줄의 코드를 잘못 입력했던 것이다. 수백 명의 학생 성적 석차가 뒤바뀌었고, 입시 처리는 다음 단계로 넘어갈 수 없었다. 결과는 다음 날 오전 9시까지 교무처에 반드시 전달돼야 했다. 그 시간 안에 수정하지 못하면 합격 여부 공지가 연기되고 학생들의 항의가 쏟아질 것이 너무도 뻔했다.

　새벽 4시까지 코드를 다시 뜯어고쳤다. 커피로 정신을 붙들며 출력 작업을 끝내고, 아직 빛이 들지 않은 캠퍼스를 걸어 교무처

사무실 문 앞에 섰다. 프린트된 입시 처리 결과표를 들고 노크 없이 문을 열었다. 당시 교무과장은 말없이 받아 들고 한참을 들여다보더니 고개를 끄덕였다. 아무 말이 없었지만, 그 순간 느꼈다. 아, 이게 신뢰라는 거구나. 그날 이후 교무처는 나의 기술 제안을 조금 더 열린 눈으로 보기 시작했다.

기술은 말이 아니라 결과로 설득하는 것이고, 관계는 말보다 행동으로 쌓이는 것이라는 걸 그때 배웠다. 실수였지만 끝까지 책임졌다는 사실이, 그 혼자만의 밤을 버틸 수 있게 해줬다. 그리고 그 책임감은 이후 더 많은 실험과 더 큰 변화를 가능하게 만들었다.

돌이켜보면, 그 시절 한 일들은 소소한 변화에 불과했는지 모른다. 그 작은 시도들이 바로 오늘의 교육 기술 기반을 잉태한 씨앗이었다는 것을. 사람은 눈앞의 거대한 시스템보다 사소하지만 실제로 작동하는 변화를 통해 감동받는다. 교육 현장에서 '쓸 수 있는 기술', '이해되는 전산'이 필요했다. 그것이 연구하고 실행한 일의 중심이었다.

그 시절, 분필 가루가 흩날리던 교실에서 새로운 선을 하나 긋기 시작했다. 보이지 않지만 분명히 존재하는, 교육의 다음을 향한 선이었다. 그 선은 이제 수많은 이의 손에 들려 있다. 그 선을 다음 사람이 더 멀리 그어주기를 바란다.

02
한국방송통신대학교에서 에듀테크의 미래를 보다

"교육은 거리를 넘어 마음으로 닿는다"

"레디~큐. 여러분, 안녕하십니까. 방송통신대학교 전산통계학과 곽덕훈입니다."

그날은 카메라 앞이 아니라 마이크 앞에 앉아 있었다. 처음으로 라디오 방송 강의를 녹음하던 날이었다. 손에는 촘촘히 적은 원고가 있었고, 목소리에는 긴장과 책임감이 뒤섞여 있었다. 내 말이, 내 강의가, 내 생각이 지금 어디선가 혼자 책을 펼친 누군가에게로 닿고 있다는 상상은 설렘이자 부담이었다.

교육자가 아니었다. 원래 숫자와 코드, 논리와 시스템 속에 살아가는 기술자였다. 그러나 한국방송통신대학교(이하 방송대), 그러니까 당시 사람들에게는 다소 생경한 '방송대'는 내게 새로운 세계의 문을 열었다. 직접 얼굴을 마주하지 않고도 교육이 가능하다는 실험적 시도. 그리고 그 시도의 현장에 있었다.

1972년 3월 9일, 방송대는 서울대학교 부설 '한국방송통신대학'이라는 이름으로 첫발을 내디뎠다. 처음에는 우편과 라디오를 이용하고 점차 텔레비전을 통한 영상 강의로 확대되는 원격교육. 대한민국은 그 시점에서 이미 '시간과 공간을 넘는 교육'이라는 미래의 그림을 그리기 시작한 것이다.

이후 1981년, 교육부는 이 기관을 독립적인 5년제 학사 과정 대학으로 승격시키고 '한국방송통신대학교'라는 공식 명칭을 부여했다. 그리고 1983년, 그 교문을 통과했다. 마치 디지털 기기를 들고 흑백 TV 시대에 들어가는 듯한 기분이었다.

처음 방송대 강단에 섰을 때, 전통적인 대학과는 완전히 다른 풍경을 마주했다. 학생은 없었고, 교실도 없었다. 대신 마이크, 콘솔, 녹음 버튼이 있었고, TV 스튜디오에서는 조명과 카메라, 큐 사인이 교육의 리듬을 만들고 있었다.

교수와 학생이 서로를 모르는 교육. 처음엔 나도 의심했다. 이것이 교육일 수 있을까? '서로 얼굴을 대하지 않고 만나지도 않는 교육'이 과연 진짜 교육일 수 있을까?

그 의문을 바꿔준 건, 어느 날 내게 도착한 한 통의 편지였다.

"교수님, 저는 충청도 농촌에 사는 48세 여성입니다. 아이들을 키우고, 밭일을 마치고 나서야 라디오를 켤 수 있습니다. 교수님 목소리가 들리면 왠지 책상 앞에 앉아야 할 것 같아집니다. 저는 이제 늦은 나이가 아니라고 믿기로 했습니다."

그 편지를 받고 큰 감명을 받았다. 그리고 깨달았다. 우리가 생각하는 '교육'의 경계는 언제나 너무 좁았다는 것을. 교실만이 교육의 공간일 필요는 없다는 것을. 교육은 결국, 닿는 것이다. 닿기만 한다면, 그것은 교육이다.

방송대의 초창기 교육 방식은 매우 독특했다. 학생들은 수업을 실시간으로 라디오나 TV로 듣거나 시청하고, 녹음된 테이프를 통해 복습하며, 우편으로 과제를 제출했다. 학기마다 수백 통의 과제를 받아 읽었고, 그 손 글씨 하나하나에 담긴 성실함과 진심에 감동했다.

"교수님, 저는 군 제대 후 대기업에서 일하고 있습니다. 시간이 없지만, 공부를 포기하고 싶지 않아 방송대에 들어왔습니다."

"교수님, 저는 시각장애인입니다. 라디오 강의는 제게 유일한 창입니다. 감사합니다."

그들의 말은 내게 질문을 던졌다.

"나는 이 사람들의 교육자일 수 있을까?"

점차 답을 알게 되었다. 얼굴은 모르지만, 나를 믿고 목소리를 기다리는 사람들이 있다는 것. 그들의 성장을 위해 누군가는 말하고, 설명하고, 도와야 한다는 것. 그것이 교육자의 책임이라는 것.

1980년대 초의 교육 기술은 지금의 기준으로 보면 원시적이었다. 라디오와 TV는 단방향이었다. 우편은 느렸고, 피드백은 더 느렸다. 하지만 분명히 오갔다. 그래서 생각했다. '이걸 시스템으로 바꿀 수는 없을까?'

방송대는 '낯선 시도'였다. 교수들도, 행정도, 심지어 학생들조차 확신이 없었다. 그러나 그 중심에서 한 가지 사실만은 분명히 믿었다. 교육이란, 사람을 믿는 일이라는 것. 기술은 그것을 돕는 수단일 뿐이었다. 기술은 그저 손이다. 그러나 그 손이 마음을 건드릴 수 있다면, 그건 교육이 된다.

방송대의 성공은 시스템이나 콘텐츠만의 결과가 아니다. 그것은 '닿으려는 의지'와 '배우려는 열망'이 만났을 때 일어나는 변화의 증거였다.

오늘날 누군가는 교육을 인공지능이 대체할 것이라 말한다. 하지만 말하고 싶다.

"라디오 앞에서 연필을 쥐고 있던 그 손.
 우편 봉투에 과제물을 넣던 그 마음.
 그 손과 마음이 사라지지 않는 한, 교육은 여전히 사람의 일이다."

방송대는 내게 '기술이 인간에게 다가가는 방식'을 가르쳐준 공간이었다. 그리고 그 공간은 내 교육 인생의 첫 번째 학교였다.

03
기술을 배움의 사다리로 삼다

"기술은 사람을 향해야 교육이 된다"

교육 현장에서 기술을 이야기하는 것은 언제나 쉽지 않은 일이다. 그것은 교육이 본질적으로 사람을 다루는 일이기 때문이다. 시스템은 정답을 요구하지만, 사람은 질문을 원한다. 기술은 속도를 높이지만, 교육은 기다림을 전제로 한다. 그래서 오랫동안 기술은 교육에서 조심스러운 손님이었다. 그러나 기술이 교육의 외부에만 머물러야 한다고 생각하지 않았다. 오히려 기술이야말로 교육의 가장 절실한 내부 자원이 될 수 있다고 믿었다.

방송대에서의 나의 첫 시도는 전산 시스템을 통해 행정 업무의 효율성을 높이는 것이었다. COBOL 언어를 사용해 급여 처리와 학사 행정 처리 프로그램을 짜고, 학생들의 성적을 정확히 산출하며, 수강 신청 데이터를 정리하는 일들이었다. 겉보기에는 단순한 행정 전산화였지만, 그것이 학생과 교수, 그리고 행정 직원들을 잇는 첫 번째 사다리라고 느꼈다. 수천 명의 수강 신청서가 분실 없이 입력되고, 각자의 성적이 누락 없이 저장되는 그 과정은 학습자의 '존재'를 확인하는 일이었다.

1980년대 초 방송대 전산화 작업의 시작은 단출했다. 초기엔 메인 프레임 컴퓨터와 몇 대의 단말기, 그리고 몇 명의 직원이 전부였다. COBOL 언어를 활용해 급여 시스템과 학사 관리 시스템을 개발했고, 교무처와 학생처 등의 각 부서가 필요로 하는 데이터를 인터페이스로 연결해야 했다. 협업은 간단치 않았다. 당시 행정 담당자는 종이 기반에 익숙했고, 전산 담당자는 수치를 기준으로 삼았다. 그 간극을 메우기 위해 수없이 각 부서를 직접 찾아다니며 "어떤 순서로 처리되는지", "문제가 어디서 자주 생기는지"를 메모장에 직접 그려가며 분석하고 설명했다. 이러한 협업 작업은 회의실이 아니라, 사무실 현장에서 관계 직원들과 진정성 있는 소통을 통해 하나씩 해결해나갔다.

기술은 단순히 절차를 줄이는 도구가 아니었다. 그것은 학습자를 기억하고, 그들의 경로를 관리하고, 그들이 배운 것을 공식적으로 증명해주는 방식이었다. 특히 방송대처럼 교수와 학생이 얼굴을 마주할 수 없는 환경에서는 시스템이야말로 학습자의 신뢰를 연결해주는 유일한 통로였다. 학생이 보낸 과제를 누락 없이 받고, 평가하고, 다시 피드백을 줄 수 있다는 것. 그 간단한 순환을 가능하게 하는 기술이 없었다면, 방송대의 원격 교육은 그저 '전통적인 아날로그 방식의 전달'에 머물렀을 것이다.

그 시스템이 '교육'이 되기 위해서는 철학이 필요하다고 느꼈다. 단순히 프로그램을 만들고 기능을 실행하는 것에서 그쳐서는 안 되며, 그 안에 교육자의 시선이 들어가야 한다는 전제 아래 어떤 정보가 중요하고, 어떤 순서로 보여줘야 하며, 어디서 학습자의 어려움을 예측할 수 있을지를 설계해야 했다. 시스템은 '기계적인 질서'가 아니라, '사람을 위한 흐름'이어야 했다.

결국 시스템은 기술의 조합이 아니라, 배움의 흐름을 설계하는 공간이었다. 중요한 것은 기능이 아니라, 그것이 학습자의 성장과 어떻게 연결되는지였다. 교육자는 단순한 사용자나 개발자가 아닌, 철학을 담는 설계자여야 했다. 기술이 아무리 정교해도, 그 안에 사람에 대한 이해와 배려가 없다면 그것은 단지 잘 만든 도구에 불과하다.

시스템 설계에서 가장 중요한 것은 기능의 나열이 아니라, 작동의 우선순위와 흐름이다. 그 출발점은 언제나 사람이며, 핵심은 정확한 데이터의 생성과 입력이다.

어떤 기술도 결국은 사람이 사용하고, 사람이 해석한다. 기능보다 사람이 먼저고, 구조보다 흐름이 먼저다. 원하는 결과를 얻기 위해서는 프로그램의 오류를 방지하고, 사람이 중심이 되는 프로세스를 정교하게 설계해야 한다. 그래서 무엇보다도 사용자, 즉 교수, 학생, 직원의 관점에서 시스템을 설계해야 했다. 기술이 '소수의 사람만이 다룰 수 있는 고급 장치'가 되어서는 안 된다. 그것은 교육이 될 수 없다. 누구나 접근할 수 있고, 누구나 쓸 수 있어야 기술은 교육의 사다리가 된다.

이러한 생각은 이후 나의 모든 시스템 기획과 콘텐츠 설계의 근간이 되었다. 기술을 '인간 친화적 도구'로 다시 정의했다. 사람을 향한 기술, 배움을 향한 기술. 그것이 나의 에듀테크 철학의 출발점이었다.

1984년, 폐광촌에서 온 한 학생의 편지가 아직도 잊히지 않는다. 그는 주간에는 광산에서 일하고, 야간에 라디오로 강의를 들었다. 그가 보낸 과제물 답안지에는 단정한 글씨로 이렇게 적혀 있었다.

"교수님, 제 손은 거칠고 느립니다. 그러나 배우고 싶습니다. 이 손으로 처음 글을 배웠고, 지금은 사람들과 말도 섞게 되었습니다. 제 인생에 희망이라는 단어를 넣어주셔서 고맙습니다."

그의 성적이 좋았는지는 기억나지 않는다. 하지만 그 손 글씨는 나에게 '기술의 존재 이유'를 다시 깨닫게 해주었다. 이러한 사연들은 훗날 '거점 지역 맞춤 학습 지원 체계(지역 학습관 및 지역 대학 설치 등)' 설계에 영향을 미쳤고, 우리는 분기별로 학습자 사연을 분석해 전산 피드백 구조에 반영하기 시작했다.

이처럼 기술은 단지 지식을 전달하는 수단이 아니라 삶의 가능성을 확장시키는 창구였다. 이런 편지를 받을 때마다 이 일을 멈출 수 없다고 느꼈다. 더 나은 시스템을 만들고 싶었고, 더 많은 사람에게 이 사다리를 놓아주고 싶었다.

방송대 전산화를 진행하면서, 단순한 프로그램을 넘어서 '경험 설계'라는 관점을 익히게 되었다. 그것은 단지 기능을 완성하는 일이 아니라, 사용자, 특히 교수와 학습자의 '시간'과 '정서'를 고려한 설계였다. 어떤 화면에서 가장 오랜 시간을 보내는가? 어떤 버튼을 찾지 못해 전화를 거는가? 어떤 문장이 학습자의 불안을 잠재우는가? 이 모든 것은 시스템을 설계할 때 고려할 문제이자 동시에 교육자에 대한 질문이었다.

방송대의 초기 시스템은 전형적인 텍스트 기반 화면이었다. 초록색 폰트의 단조로운 UI는 학습자에게 불안감을 줬고, "입력한 게 제대로 저장된 건가요?"라는 전화가 매일 수십 통씩 걸려왔다. 당시 학생처 담당 과장과 함께 실제 학습자 10명을 초청해 시스템 체험 워크숍을 진행했다. "성적 확인 버튼은 눈에 잘 띄는가?", "가장 자주 쓰는 기능은 어떤 것인가?"를 직접 물었다. 그 결과 가장 많이 사용되는 화면에 '안내 메시지'를 넣고, 오류 발생 시 자동 팝업으로 도움말이 뜨도록 설계했다. 이후 전화 문의가 절반 이하로 줄었다. 그 경험은 'UI도 교육의 일부'라는 확신을 주었다.

결국 기술을 다시 보기 시작했다. 기술은 교육의 본질을 해치지 않으면서도, 그 본질을 더 넓게 펼칠 수 있는 가능성이었다. 그것은 수단이 아니라 관계의 방식이었다. 방송대의 전산화는 단순한 디지털 전환이 아니었다. 그것은 교육을 더 많은 사람에게 더 깊이 닿게 만드는 '사다리'의 설치 작업이었다.

사람들은 종종 내게 묻는다. "기술이 교육을 대체할 수 있습니까?" 그때마다 웃으며 말한다. "기술은 교육을 대체하는 것이 아니라, 교육의 손이 되어주는 것입니다."

그 손이 되고 싶었고, 방송대에서 그 손이 되기 시작했다.

기술은 냉정할 수 있다. 그러나 그것이 사람을 향한다면 따뜻한 사다리가 된다. 그 사다리를 47년간 만들어왔다. 지금도 누군가는 그 사다리를 오르고 있을 것이다. 내가 만든 코드, 설계한 시스템, 작성한 메시지 하나가 누군가에게는 '배움의 첫 계단'일 수 있다는 사실. 그 진심이 지금의 나를 만들었다.

이제 그 사다리 위에 또 다른 사다리를 놓고 싶다. 누군가는 더 높은 층을 향해, 더 멀리 닿을 수 있도록.

04
모뎀 소리 속에서
사이버교육을 발견하다

◆

"모뎀의 소음 속에서 미래의 교실이 움텄다"

1990년대 초 대한민국의 기술 지형은 조용히 그러나 확실하게 바뀌고 있었다. 전화선을 통해 데이터를 주고받는 '모뎀'이라는 기계는 삐삐삐직— 하는 소음과 함께 새로운 시대의 출발을 알렸다. 그 소리를 처음 들었을 때, 단순한 연결음이 아니라 교육의 미래가 열리는 문 소리로 들었다.

그 당시 방송대는 여전히 우편, 라디오, TV라는 3대 매체를 통해 원격 교육을 이어가고 있었다. 이미 우리는 기술의 도움을 받아 수십만 명의 성인 학습자들과 관계를 맺고 있었다. 그러나 그 '일방향적 구조'에 한계를 느끼고 있었다. 질문할 수 없는 수업, 피드백이 없는 학습, 반복이 불가능한 매체. 그것을 바꿔야 했다.

 그 시점에서 'PC통신'이라는 새로운 공간을 발견했다. 천리안, 하이텔, 나우누리 같은 초기 플랫폼은 대중적으로는 채팅, 뉴스, 게임으로 소비되고 있었지만, 그 안에서 '질문이 살아 있는 교육'을 상상했다. 그래서 강의 요약 자료를 텍스트로 게시하고, 게시판에 학생들의 질문을 받는 실험을 시작했다.

 "교수님, 처음으로 교수님께 직접 질문합니다."

 어느 학생의 이 한 줄은 내게 전환점이 되었다. 얼굴을 모르는 사람에게, 언제든 질문을 남길 수 있다는 사실 하나만으로도 학습자는 달라졌다. 그 공간은 누군가에겐 새로운 학습의 세계였고, 또 누군가에겐 용기의 시작이었다.

 초기 PC통신에서 사용된 교육 메뉴는 단출했다. 천리안과 하이텔을 기반으로 개설된 '학과별 교육 게시판'은 총 네 개의 카테고리로 나뉘었다.

 첫째는 강의 요약 자료실이었다. 이곳에 각 주 차별 강의 내용을 A4 한 장 분량의 텍스트 파일로 정리해 업로드했다. 개념 정의, 사례 요약, 교수자의 메시지, 다음 주 차 예고순으로 구성했으며, 특히 각 장의 핵심 문장을 별도로 정리한 '다시 보는 문장'이라는 항목은 학습자들이 가장 즐겨 찾는 요소였다.

 둘째는 Q&A 게시판이었다. 이 공간은 학습자와 교수자가 처음으로 실시간 질의응답을 나눌 수 있는 장이었다. 학생들은 주로 교과 개념에 대한 질문을 올렸지만, 생활 속 사례를 연결한 질문도 많았다. 기억나는 질문 중 하나는 "교수님, 저는 시장에서 장사하는 사람인데, 균형가격이 저에게도 적용되나요?"라는 글이었다. 그 질문에 이렇게 답했다. "균형가격은 시장 내에서 수요량과 공급량이 일치하는 가격입니다. 따라서 사장님께서 일하는 그 시장이 바로 균형의 교실입니다. 손님의 수요와 사장님의 공급이 만나는 지점이 매일 형성되고 있지요." 그 학습자는 다음 글에서 "교수님 덕에 오늘부터 가게 매출이 다르게 보입니다"라고 말했다.

셋째는 자유토론방이었다. 학습자들끼리 질문과 경험을 나누는 이 공간은 의외로 활기가 넘쳤다. 수강생들은 서로 필기 요령, 시험 준비법, 교재 추천까지 주고받았고, 종종 그 대화를 읽으며 강의의 방향을 조정하기도 했다.

넷째는 공지사항이었다. 시험 일정, 과제 제출 마감, 자료 업데이트 등을 안내하는 용도로 사용되었다.

이렇게 단순한 구조였지만, 그 안에서 오가는 질문과 응답은 기존의 교실에서 느낄 수 없던 생동감을 만들어냈다. 이 네 개의 메뉴가 곧 하나의 디지털 캠퍼스였다고 생각한다. 그리고 그 게시판 위에 남겨진 질문 하나하나가, 그 시절 사이버교육이 실제로 작동하고 있었다는 가장 분명한 증거였다.

그 시절 교육이 단순한 정보 전달이 아니라 '상호작용'이라는 것을 새삼 체감했다. 반복해서 자료를 읽을 수 있다는 점, 질문에 대한 피드백이 존재한다는 점, 그리고 교수자와 학습자가 '글'로 관계를 맺는다는 점은 기존 교육과는 완전히 다른 차원이었다. 이 가능성을 공론화해야겠다고 생각했고, 이것이 훗날 사이버대학 설립 참여의 기반이 되었다.

사이버교육이라는 개념은 당시는 물론 지금도 여전히 오해받기 쉽다. "실제로 만나지 않는데 무슨 교육이냐", "영상 보고 따라 하는 걸 교육이라고 할 수 있나?" 이런 질문들은 익숙했다. 그러나 그 질문을 "그러면, 만난다고 교육인가?"로 되묻고 싶었다. 중요한 건 물리적 거리가 아니라, 질문과 응답의 가능성, 반복 학습의 구조, 참여의 여지였다.

사이버교육을 정책적 의제로 처음 다루기 시작한 건 1996년 무렵이었다. 당시 교육부는 '교육 정보화 정책'을 도입했으며 산하에 '고등교육 정보화 추진 기획단'이라는 조직이 꾸려졌고, 방송대 전산 책임자로 초청을 받아 회의에 참석했다. 회의장엔 방송대, 서울대, 정보통신부 관계자, KERIS 전신인 한국교육정보센터 소속 실무자들까지 앉아 있었다.

논의의 첫 번째 쟁점은 '학위 인정' 문제였다. 사이버 공간에서 이뤄지는 수업이 고등교육법상 정규 교육으로 간주될 수 있는가 하는 문제였는데, 법에는 '출석 수업'이 전제되어 있었기에, 완전한 온라인 기반 수업은 제도권 밖에 있었다. "화면만 봐도 학점이 주어지면 형평성에 어긋나는 것 아닌가"라는 반대 의견이 나왔다. 조용히 손을 들고 이렇게 말했다.

"그럼 교실에 앉아만 있어도 배운 건가요? 중요한 건 '참여의 구조'입니다. 오히려 사이버교육은 학습 이력을 더 정교하게 추적할 수 있습니다."

두 번째 쟁점은 인증 시스템이었다. 누가 수업을 듣는지, 누가 과제를 제출하는지를 어떻게 확인할 것인가. 우리는 ID 로그인 방식, 접속 로그 자동 저장, IP 추적, 학습 시간 기록 등의 기술적 방안을 제시했고, 중간고사와 기말고사는 대면 시험 또는 실시간 온라인 감독 방식을 병행하는 방안을 도입할 수 있다고 했다.

세 번째 쟁점은 학습 관리LMS였다. 당시엔 학습 관리 시스템이라는 개념조차 생소했다. 안식년으로 미국에 간 1994년에 잠시 접한 블랙보드Blackboard 시스템의 구조를 설명하며, 출석·과제·토론·시험이 하나의 플랫폼 안에서 순환되도록 설계할 수 있다고 주장했다. "자료실 따로, 시험지 따로, 질문은 이메일로 받는 시대는 이제 끝났습니다. 하나로 통합되어야 합니다."

회의가 길어질수록 반대보다는 '어떻게 구현할 수 있느냐'는 질문이 늘어났다. 그건 희망의 신호였다. 이후 사이버교육 활성화를 위한 시도는 본격화되었다. 1998년에는 10개 대학이 연합하여 학생들이 타 대학의 강의를 최대 6학점까지 수강할 수 있는 '한국가상캠퍼스'가 출범하였고, 1999년에는 16개 대학이 정보통신 관련 교과목에 한해 6학점까지 상호 학점 교환이 가능한 '정보통신사이버대학'이 운영되었다. 두 프로젝트 모두 정부의 콘텐츠 개발 지원을 받아 추진되었으며, 두 사업의 운영위원장으로서 기획과 실무를 총괄하였다. 이를 통해 사이버교육의 실현 가능성과 고등교육 내 적용의 타당성을 입증할 수 있었다. 이러한 시범 운영의 성과를 바탕으로, 교육부 원격대학설치심사위원장직을 정부로부터 임명받고, 2001년에는 9개, 2002년에는 6개의 사이버대학이 설립되는 데 주도적인 역할을 수행하였다. 이후 지속적인 확산을 거쳐 2025년 현재 총 22개 사이버대학이 운영되고 있다.

돌이켜보면 기술보다 더 어려운 건 제도였고, 제도보다 더 어려운 건 인식이었다. 그러나 안다. 그 질문들을 하나씩 넘어서는 과정이 바로 '교육 혁신'이었다는 것을. 교육은 늘 그 질문들에서 시작되었고, 지금도 그러하다.

내가 구상한 사이버교육은 영상 몇 편을 올리는 것이 아니었다. 그것은 질문이 가능한 교실, 피드백이 오가는 과정, 그리고 무엇보다 학습자의 자기 주도성을 키울 수 있는 구조였다. 이를 위해 콘텐츠의 시나리오 작성 단계부터 '상호작용'을 전제로 설계했다. 시험지가 아닌 질문지를 먼저, 정답이 아닌 사고의 흐름을 먼저 보여주는 방식이었다.

기억에 남는 에피소드가 하나 있다. 한 학습자는 새벽 1시에 내게 게시판을 통해 질문을 남겼다. "교수님, 이 부분이 잘 이해되지 않습니다. 다시 설명해주실 수 있을까요?" 다음 날 아침 답변을 달았고, 그 학생은 다시 감사를 전했다. 그때 생각했다. '교육이 이렇게 이어질 수 있다면, 이것이야말로 가장 교육다운 교육이다.'

당시 사이버교육(원격 교육)에서 가장 많이 사용되던 피드백 방식은 이메일과 게시판이었고, 전화 상담으로 보완했다. 이메일은 주로 개인 질의에 사용되었고, 게시판은 공개된 질문과 답변을 통해 학습자 간 정보 공유가 가능한 구조였다. 일부 고령 학습자나 전화 사용에 익숙한 이들을 위해 각 과별로 조교들이 전화를 통해 학습에 도움을 주고 학습 흐름을 관리했다.

기억에 남는 학습자가 있다. 강원도 삼척의 한 초등학교에서 행정직으로 근무하던 50대 남성이었고, 야간에 사이버 수업을 듣던 중 과제 제출 방법이 헷갈려서 새벽 2시에 게시판에 질문을 남겼다. "교수님, 제출 버튼을 눌렀는데 아무 반응이 없습니다. 제가 뭘 잘못한 걸까요?" 다음 날 아침 바로 답장을 올렸다.
"그건 오류가 아니라 시스템이 저장을 조용히 하는 구조랍니다. 잘하셨으니 걱정하지 마세요."

그는 나중에 이런 글을 남겼다.

"교수님, 인생 처음으로 교수님과 직접 말(글로나마)을 주고받았습니다. 제 질문을 누가 읽어주는 것만으로도 큰 힘이 됩니다."

그 말을 읽고 한동안 키보드를 멍하니 바라봤다.

피드백은 정답을 말해주는 일이 아니라, 배움의 여정을 '같이 걷고 있다'는 신호를 보내는 일임을 다시금 깨달았다.

이러한 상호작용이 누적되면서 우리는 이메일 자동 응답, 게시판 알림 기능, 상담 예약제를 하나씩 도입해갔다. 기술은 느렸지만, 마음은 점점 가까워졌다. 당시 시스템은 완전하지 않았지만, 교수자와 학습자 사이에 오가는 '기다림'과 '응답'이야말로 진짜 교육의 조건이었다.

사이버교육은 단지 인터넷 강의가 아니다. 그것은 '학습자의 시간에 배움이 도착하는 구조'를 만드는 일이다. 또한 그것은 '교수자의 목소리'가 아니라 '학습자의 리듬'에 맞춰 설계되는 새로운 교실의 탄생이었다.

이 변화가 단순한 '디지털화'가 아니라 '교육 철학의 전환'이라고 확신했다. 그래서 정책 논의에서도, 플랫폼 설계에서도, 교수자 훈련에서도 항상 물었다. "이 구조 안에 질문은 살아 있는가?" "이 시스템은 관계를 맺을 수 있는가?"

초창기 사이버교육을 설계하고 실행할 당시, 세 가지 축을 명확히 설정했다. 그것은 콘텐츠의 품질, 교수자의 태도, 피드백의 구조였다. 이 세 가지는 단순한 기술 운영 지침이 아니라, 교육의 본질을 온라인 공간에서 지켜내기 위한 최소한의 조건이었다.

첫 번째로 가장 중시한 것은 콘텐츠의 구성 기준이었다. 당시 많은 이가 사이버교육을 '영상 몇 편과 관련 PPT 자료를 올려주는 것'으로 이해하고 있었다. 그러나 콘텐츠를 단순히 정보가 아닌 '사고의 흐름을 설계하는 장치'로 보았다. 그래서 영상의 길이는 15분(콘텐츠 종류에 따라 5분) 이내로 나누고, 단락마다 '질문을 던지는 문장'을 넣는 방식을 강조하였다. 예컨대 "이 개념을 여러분은 일상에서 어디에 적용해보셨나요?"라는 문장을 끝에 삽입함으로써 학습자가 다음 강의 전까지 '질문을 품은 채' 있게 했다. 이는 콘텐츠 제작자들에게도 새로운 접근법이었다. 단순 촬영이 아니라, '사고를 촉발하는 시나리오 설계'가 필요했다.

두 번째는 교수자 훈련 시스템이었다. 오프라인 강의에만 익숙한 교수자들에게 카메라 앞에서 말하는 방식, 텍스트로 피드백하는 방식은 매우 낯설었다. 교수자 연수에서 이렇게 말했다. "여러분은 더 이상 '말씀하시는 분'이 아닙니다. 여러분은 이제 학습자와 '관계를 설계하는 분'입니다." 그리고 실제 촬영 전에 반드시 시나리오 작성 워크숍을 거치게 했고, 강의 후 학습자 반응 데이터를 제공하여 교수자 스스로 개선 방향을 찾을 수 있도록 했다.

마지막 세 번째는 피드백 체계의 정착이었다. 교육은 질문이 있어야 교육이 되고, 피드백이 있어야 배움이 지속된다. 그래서 교수자들이 하루에 한 번은 게시판이나 이메일을 확인하도록 요청했고, 일정 시간 내 응답하지 못할 경우 조교가 임시 답변을 올려 신뢰를 유지하는 체계를 설계했다. 학습자 입장에서는 "내 글을 누군가가 읽고 있다"는 느낌이 교육의 끈을 이어주는 힘이었다.

이 세 가지 원칙은 이후 방송대, KERIS, EBS, 사이버대학 등 여러 기관의 온라인 교육 설계 지침으로 확산되었다. 지금도 그 시절의 첫 기획서를 정확히 기억하고 있다. 기술이 아닌 철학으로 시작했기에 지금까지도 그 흔적은 사라지지 않았다.

지금은 너무 당연한 이야기들이지만, 당시엔 그 모든 것이 '최초'였다. 기술은 있었고 콘텐츠도 있었지만, 그것을 연결하는

'철학'은 아직 없었다. 그 철학을 만들기 위해 우리는 밤을 새웠고, 자료를 뒤졌고, 현장을 설득했다. 그 시간들이 자랑스럽다.

그리고 한 줄의 삐삐삐직- 하는 모뎀 소리에서 그 모든 것이 시작되었다.

그 소리는 내게 교실이었고, 교사의 숨소리였고, 학습자의 첫 질문이었다. 그 소리를 듣고, 움직였고, 만들어냈다. 그리고 지금도 그 소리를 기억한다. 왜냐하면 교육은 여전히 누군가의 연결음에서 시작되고 있기 때문이다.

05
디지털 강의실을 세상에 처음 내놓다

"배움이 있는 그곳이 교실이고,
연결이 있는 그곳이 디지털 공간이었다"

　사이버교육이 하나의 가능성으로 떠오르던 시절, 단순한 온라인 실험을 넘어, 디지털 기반 강의실이라는 새로운 형태의 교육 공간을 기획하고 실현하려 했다. 그것은 단지 강의 영상을 올리는 것이 아니었다. 그것은 지식의 구조화, 관계의 설계, 그리고 학습 경험의 총체적 재구성이었다.

　1990년대 중반, 방송대 교육과 사이버교육 실험을 병행하면서 곧장 세계적 흐름을 탐색하게 되었다. 당시 미국과 영국, 일본에서는 유사한 시도가 시작되고 있었고, '멀티버시티Multiversity'라는 개념을 발견했다. 그 당시 IBM에서는 전 세계적으로 '디지털 라이브러리 시스템Digital Library System' 프로젝트를 시작하는 단계에 있었다. 학습자는 자신의 주제와 시간, 속도에 맞춰 학습을 설계한다는 사고방식이었는데, 이 점이 충격이자 확신이었다. 이 아이디어는 훗날 추진한 LODLecture On Demand, Learning On Demand 프로젝트의 철학적 기반이 되었다.

1995년에 개발을 시작하여 1997년도부터 서비스를 시작한 LOD는 단순한 영상 강의 제공이 아니라, 학습자가 원하는 시간에 원하는 장소에서 강의를 듣고 필요한 내용을 검색하며 접근할 수 있도록 모듈화된 콘텐츠 체계를 갖춘 학습 플랫폼이었다. 지금은 흔한 구조지만, 당시로선 누구도 시도하지 않았던, 말 그대로 세계 최초의 설계였다. 이 LOD 시스템은 IBM으로부터 대형 서버(컴퓨터)를 지원받고 새너제이 연구소와 공동으로 개발되었으며, 서비스되는 콘텐츠는 방송대의 케이블TV 방송국에서 제작된 약 4,500여 시간의 오디오와 비디오 강의 자료가 중심이 되었다.

모든 콘텐츠는 10~15분(일부 영상 콘텐츠는 30분) 단위의 모듈형 영상으로 나뉘었고, 서비스 플랫폼상에서 각 모듈은 요약 텍스트, 보충 자료, 퀴즈, 질문 게시판으로 구성되었다. 학습자는 원하는 모듈만 선택하거나, 전체 과정을 시청한 후에도 다시 특정 개념으로 되돌아가 복습할 수 있었다. 콘텐츠 검색은 주제어 기반의 하이퍼링크 구조로 설계되었고, 이는 이후 메타데이터 기반 학습 설계의 초기 모델이 되었으며 고등교육에 인터넷을 접목한 국내 최초의 서비스로 인정받고 있다.

1998년 9월에 IBM의 CEO 겸 회장인 루이스 거스너가 한국을 방문하여 서울의 힐튼호텔에서 강의하는 중에 이 LOD 시스템을 일컬어 '한국에서 세계적인 프로젝트가 방송대에서 성공적으로 완성되었다'라고 언급하여 수많은 참석자를 놀라게 하였다. 그 후 많은 IT 및 교육 관계자, 그리고 기자들이 연구실을 찾아와 관련 내용을 확인하고 활용의 타당성을 질문하는 등 큰 관심을 보였다. 그중 대표적인 사례로는 1999년 가을에 앞에서 언급한 IBM의 〈Multiversity〉라는 고등교육 관련 유명 잡지의 편집장이 직접 연구실을 방문하여 인터뷰하고 조사한 내용을 바탕으로 그 잡지에 실린 'Building the Virtual University in Korea' 주제의 글과 나를 소개한 내용, 그리고 2000년 가을, 한국IBM에서 발간한 〈생각하는 사람들Thinkers〉이라는 잡지에 '사이버교육 기반 구축의 선구자'라는 글과 함께 표지 인물로 소개되면서 LOD 시스템은 세계적으로 알려졌으며, IBM의 지원과 주선으로 이와 유사한 프로젝트를 추진하려는 버지니아텍과 플로리다국제대학 등을 방문하여 LOD 시스템을 직접 시연했던 일은 지금도 큰 자부심으로 남아 있다.

그 당시 많은 교육 관계자들은 LOD에 대해 이렇게 평가했다. "이건 교과서를 넘는 개념입니다. 교육 그 자체의 구조를 바꾸려는 시도입니다."

그 말에 조심스럽게 고개를 끄덕였다. LOD는 기술의 실험이 아니라 교육의 사고방식을 바꾸는 선언이었다. 그 실험이 있었기에 오늘날 모든 교육 플랫폼이 모듈화, 검색 기반, 피드백 중심의 구조를 취할 수 있게 된 것이다.

배움은 '순서대로'가 아니라, '스스로 찾는 방식'으로 설계되어야 한다. 그것이 그토록 LOD를 만들고 싶었던 이유였다.

이 시도에서 가장 중요한 건 '선택권'이었다. 방송 강의는 정해진 시간, 정해진 흐름이었다. 그러나 디지털 강의실은 학습자 중심의 설계를 요구했다. 그들에게 언제, 어떻게, 어디서 배울지를 넘겨주어야 했다. 이 구조 안에 '자율성과 반복성', 그리고 '피드백'을 심으려 했다. 그 결과, 단지 시청하는 교육이 아니라 '참여하는 학습'이 시작될 수 있었다.

이 무렵, "디지털 강의실의 본질은 기술이 아니라 관계 설계"라는 확신을 갖게 되었다. 교수자는 물리적 공간이 아니라 '경험의 흐름'을 구성하는 사람이어야 했고, 시스템은 단순한 영상 재생기가 아닌, 학습 과정의 안내자여야 했다. 그래서 우리는 인터페이스 설계부터 콘텐츠 구조까지 모든 요소를 다시 설계했다.

LOD 프로젝트가 본격화되면서 방송대 내부 개발팀만으로는 LOD시스템을 포함한 종합 서비스 플랫폼의 사용자 인터페이스의 완성도를 높이기 어렵다고 판단했다. 서비스 당시 웹 기반 시스템 UI 경험을 가진 민간 개발사와 협업하기로 결정했다.

전문가들과의 첫 미팅에서 앞으로 나가 이렇게 말했다. "이 시스템은 정보보다 관계가 중심이어야 합니다. 중요한 건 얼마나 빨리 클릭하느냐가 아니라, 얼마나 자연스럽게 질문이 떠오르느냐입니다."

그 말에 개발사 담당자가 질문했다. "질문이 잘 떠오르는 UI라는 게 있을까요?" 웃으며 말했다. "그건 아마도 너무 많은 걸 보여주지 않는 화면일 겁니다."

이후 메인 대시보드에서 '지금 어디에 있는지'를 직관적으로 보여주는 학습자용 나침반 UI를 설계했고, 콘텐츠 탐색 화면은 '한눈에 들어오되 몰입을 방해하지 않는' 구조로 정리되었다. 특히 메뉴 개수와 명칭에 매우 민감했다. 예를 들어, 폰트 사이즈와 색상 대비 등 가독성 요소에 대해 중요성을 크게 강조했다. 당시 고령 학습자들이 많았기에 작은 회색 텍스트는 치명적인 장애가 될 수 있었고, 실제로 한 학습자가 "글자가 너무 작아 확대경으로 본다"라는 피드백을 남기기도 했다. 이 피드백 이후 전체 시스템의 기본 글자 크기를 14pt로 상향 조정했고, 버튼과 입력창의 색상 대비도 WCAG(웹 콘텐츠 접근성 가이드라인)를 준수하도록 개선했다.

언제나 이렇게 강조했다. "기술이 한 사람을 배제하면, 그 순간 교육이 아닙니다." UI/UX는 단지 화면 디자인의 문제가 아니었다. 그것은 학습자가 '질문하고 싶게 만드는 구조', '주저하지 않고 다시 돌아올 수 있는 흐름', '혼자가 아니라고 느끼게 하는 배치'였다. 이후 이 협업 모델은 방송대 콘텐츠 시스템의 표준이 되었고, 이러한 민간 협력 개발 시스템은 개발자들에게 하나의 '모델 사례'로 공유되었다.

그 시절 가장 큰 난관은 "그게 교육이냐"는 질문이었다. 일부 교수는 여전히 영상 자료 기반의 플랫폼 서비스에 냉소했고, 일부 교육학자들까지도 '시청각 교육'의 확장일 뿐이라며 평가 절하했다. 그러나 우리는 확신이 있었다. 그들은 영상을 '보는 것'으로 정의했지만, 우리는 그것을 '배움의 공간'으로 상상하고 있었다.

방송대의 경우도 인터넷 기반의 사이버교육(원격 교육)에 대한 부정적인 시각이 매우 컸다. 사이버교육 확대를 두고 일부 교수진이 우려를 표했다. 인터넷을 이용한 플랫폼 기반의 원격 교육이 접근성의 제한으로 도시와 농·산·어촌 간의 교육 격차를 가져올 수 있다며, "기계가 교수 역할을 대신하는 건 반교육입니다"라고 주장했다. 이에 대해 이렇게 답했다. "기계는 교수 역할을 대신하지 않습니다. 교수의 손을 더 멀리 뻗게 해줄 것입니다. 학생을 기억하고, 과제를 추적하며, 질문을 받아 적는 손. 그 손이 있어야, 우리가 더 많은 사람을 만날 수 있습니다."

그 말 이후, 한 교수님이 내게 다가와 이렇게 말했다. "당신이 말한 기술은 냉정하지만 따뜻하군요. 그런 기술이라면, 나도 한번 믿어보겠소." 정책 설득이란 결국 사람을 설득하는 일이었다. 논문과 근거도 중요했지만 배움의 장면 하나, 질문 하나, 학습자의 편지 한 줄이 더 큰 힘이 됐다. 그때의 한 사람 한 사람의 끄덕임이 지금 우리가 가진 교육의 확장 구조를 만들어낸 첫걸음이었다.

내게 가장 인상 깊었던 장면은 디지털 강의실에서 수업을 듣던 한 학습자가 남긴 글이었다. "처음으로 내가 수업의 주인이 된 것 같았습니다." 그 문장을 보며 확신했다. 교육은 '주입'이 아니라 '설계된 참여'여야 한다는 것을. 그리고 그 설계가 기술로 가능하다면, 그것은 가장 인간적인 기술일 수 있다는 것을.

디지털 강의실은 이후 다양한 교육 기관으로 확산되었고, 사이버대학교의 표준 모델이 되었다. 이 흐름은 훗날 KOCW와 K-MOOC로 이어졌고, AI 튜터 시스템의 기반이 되었다. 하지만 내게 그것은 단지 '처음으로 선을 그은 순간'이었다. 강의실이 칠판과 분필을 넘어선 그 순간, 교육의 경계도 확장되었다.

  그 첫 강의실, 그 첫 설계, 그 첫 연결을 지금도 또렷이 기억한다. 그리고 이제 그 선 위에 다음 사람이 또 다른 교실을 그리게 되기를 바란다.

06
사이버교육을
교육의 주류로 끌어올리다

◆

"교육의 무게를 바꾼 건 기술이 아니라 믿음이었다"

초창기 사이버교육은 여전히 낯선 시도였다. 우편, 라디오, TV 교육을 넘어, 컴퓨터와 네트워크를 통해 배운다는 개념은 신기하면서도 불안한 것이었다. 교수자들 사이에서는 여전히 '이게 과연 교육인가'라는 회의가 있었고, 제도권 교육 행정은 조심스러운 눈으로 지켜보고 있었다. 하지만 분명히 보았다. 학습자는 바뀌고 있었고, 기술은 더 넓은 교육의 문을 열고 있었다.

초기 사이버 강의가 도입되자 학생들은 더 자주 접속했고 더 오래 머물렀다. 반복해서 볼 수 있다는 점은 큰 장점이었다. 교수자에게 질문을 남기고 피드백을 받을 수 있다는 것만으로도 학습의 참여도가 크게 달라졌다. 가장 두드러진 변화는 '학습의 주도성'이었다. 학생들은 더 이상 수동적 소비자가 아니라, 자기 주도 학습의 주인공으로 변화하고 있었다.

이러한 변화는 현장의 언어로는 설명하기 어려운 것이었다. 교수는 화면 너머 학생의 표정을 볼 수 없고, 학생은 교사의 눈빛을 읽을 수 없었다. 그 사이를 메우는 건 철저한 설계와 구조였다. 영상 하나를 제작할 때도 학습자의 이해 흐름을 먼저 그리고, 강의 중간마다 질문을 삽입하거나 과제 유도 문장을 넣었다. 콘텐츠가 일방적이지 않게 만드는 것이 핵심이었다.

제도화의 과정은 결코 순탄치 않았다. 사이버교육을 통해 학위를 인정받을 수 있는지, 강의의 질은 보장되는지, 교원 자격과 근무 시간은 어떻게 처리할 것인지. 하나하나가 난제였다. 하지만 교육부와 여러 차례 협의하며, 사이버교육을 '정규 고등교육'의 한 방식으로 포함시키는 방안을 현실화시켜갔다. 방송대의 신뢰와 경험이 큰 힘이 되었다.

그 시절, 사이버교육을 평가 절하하던 시선 중 가장 아쉬웠던 건 '낮은 진입 장벽'에 대한 오해였다. 누구나 접속할 수 있고, 시간에 구애받지 않는다는 장점은 오히려 '쉬운 교육'이라는 오인으로 이어졌다. 그러나 실제로는 오히려 더 높은 자기 관리 역량과 자기 주도성이 필요한 교육이었다. 강조했던 것은 기술이 아니라 그 안의 학습자였다.

그래서 교수자 연수에 힘을 쏟았다. 콘텐츠를 어떻게 나누고 설계할지, 질의응답은 어떻게 받을지, 어느 지점에서 학생의 리듬이 떨어지는지를 스스로 진단할 수 있도록 했다. 사이버교육은 단지 '강의 업로드'가 아니라 새로운 교육 언어를 배우는 일이었다.

2002년 2월 전국대학사이버교육기관협의회 주관으로 부산대학교에서 열린 세미나에서 "국내외 대학의 사이버교육 현황"에 대해 발표할 수 있는 기회가 있었다. 당시에는 '인터넷으로 강의한다'라는 것이 보편적이지는 않았고, 일부 교수들 사이에선 교육의 질을 우려하는 목소리가 컸다.

이 세미나에서 인상 깊었던 장면이 있다. 한 지방대학 교수님은 이렇게 말했다. "화면에 대고 수업을 하면 내가 혼잣말하는 기분일 것 같아요." 그런데 강연 이후 그 교수님은 자신의 강의 일부를 영상으로 녹화하고 피드백을 받아봤다고 한다. 이후에 만난 그 교수님은 이렇게 말하며 사이버교육에 대해 긍정적인 모습을 보여주었다. "학생 얼굴을 보지 못해도, 질문을 받고 대답한다면 그건 분명히 수업입니다. 저는 이제 시작할 수 있을 것 같습니다."

그 당시 그 교수님으로부터 얻은 경험 사례는 이후 내게 다른 발표나 연수 등에서 많이 인용되었다. 내가 강조했던 건 단 하나였다. "기술보다 먼저 사고의 틀을 바꿔야 한다. 영상은 그냥 찍는 것이 아니라, 다시 설계하는 것이다." 이 경험은 교수자 훈련의 철학을 완전히 바꾸는 계기가 되었고, 나는 사이버교육은 교수자부터 바뀌어야 한다는 확신을 갖게 되었다.

결국 사이버교육이 교육의 '주류'로 들어서게 된 순간은 정책적 수용과 학습자의 확신이 만난 지점이었다. 학습자들은 이미 준비되어 있었고, 기술도 준비되어 있었다. 남은 건 제도와 의지였다. 나는 그 의지를 밀어붙였다. 그리고 마침내 사이버대학교가 설립되었고, KOCW나 K-MOOC와 같은 플랫폼으로 이어지며 국가 교육의 큰 줄기로 자리 잡았다.

돌이켜보면 그 길은 쉽지 않았다. 그러나 그 길 위에 수많은 학습자가 있었다. 나는 그들을 위해, 그들의 미래를 위해 걸었다. 그리고 지금도 누군가는 사이버 공간에서 '첫 수업'을 열고 있을 것이다. 그 공간을 가능하게 만든 것이 기술이었다면, 그 공간을 의미 있게 만든 것은 사람에 대한 믿음이었다.

나는 그 믿음을 지금도 갖고 있다.

07
사이버대학교의 제도화를 이끌다

"미래교육의 구조는 기술이 아니라 철학에서 출발한다"

사이버대학 설립은 1999년부터 본격 논의되었으며, 실제 2000~2001년에 걸쳐 9개 대학이 인가되어 개교했다. 나는 1995년부터 1998년까지 방송대 교육매체개발연구소장직을 수행했다. 1998년부터 2004년까지 10개 대학 연합의 한국가상캠퍼스 운영위원장을, 그리고 1999년부터 2001년까지는 16개 대학 연합의 정보통신사이버대학협의회 운영위원장 겸 회장을 역임했다. 또한, 2000년 7월부터 2002년 4월까지 교육부 원격대학설치 심사위원장으로서 사이버대학교 인가 기준 및 설립 심사 제도 수립에 중심 역할을 했다. 실제로 교육부와 국회를 상대로 제도 설득을 위한 회의와 토론을 다수 갖기도 했다.

이 시기는 방송대 교수직을 유지하면서 정책 자문 및 심사위원장직을 수행하던 중 사이버교육의 실험이 하나둘씩 현장에서 현실로 구현되던 때였다. 나는 점점 더 이 새로운 교육 방식이 단순한 보조 수단이 아니라, 정규 교육 제도 안으로 들어가야 할 하나의 대안이라고 확신하게 되었다. 문제는 그 확신을 사회적으로 어떻게 입증할 수 있을 것인가였다.

초기 사이버강좌와 LOD 기반 학습 시스템은 분명 가능성을 증명해냈다. 학생들의 참여율은 높았고, 학습 만족도도 꾸준히 올라갔다. 반복 학습, 자료 접근성, 비대면 상담의 확장성은 전통 교육이 제공하지 못하던 장점이었다. 하지만 그 시스템이 아무리 잘 작동해도 '인정받지 못하면 존재하지 않는 것'이라는 제도권의 벽이 있었다.

2024년 사이버대학 제도에 역사적인 전환점이 생겼다. 교육부는 사이버대학 설립 및 운영에 관한 규정을 개정하고, 일반 및 전문대학원 전환과 박사과정 개설을 공식적으로 허용했다.

그 결과, 한양사이버대학교는 국내 최초로 '단독 온라인 박사과정'을 개설하는 쾌거를 이루었으며, 현재에는 대구사이버대학교와 서울사이버대학교도 박사과정을 개설하여 운영하고 있다. 박사과정의 개설, 말은 간단하지만 그 의미는 작지 않다.

그건 단순한 학위 체계의 확장을 넘어 '사이버 고등교육'이 이제 단순한 대안이 아니라 '주류의 하나'가 되었음을 의미한다.

이 변화를 가능케 한 제도적 기반은 2007년 고등교육법 개정이었다. 그 이전까지 사이버대학은 평생교육법의 틀 안에서 불완전한 지위를 견뎌야 했다. 그러나 이 법 개정으로 사이버대학은 비로소 고등교육법상 '정규대학'으로 인정받았고, 교직원들도 사학연금 대상자에 포함되기 시작했다. 그 한 줄의 법 조항이 바뀌기까지 우리는 수많은 회의실에서 설득을 반복했고, 현실과 이상 사이에서 씨름해야 했다.

역사는 언제나 결과만을 기억하지만 그 과정엔 언제나 혼란과 충돌, 설득과 포기의 경계가 존재했다. 우리는 그 경계에 있었다. 1999년 무렵, 사이버대학 설립이 논의되던 그 시기, 일부 실무자들은 "대학은 건물이 있어야 한다"고 했고, 일부 교수들은 "사이버로 학위를 주면 학문이 훼손된다"고 우려했다. 기술은 있었지만, '교육 철학'은 준비되지 않은 시대였다. 기준은 없었고, 선례도 없었다. 그러니 조심스럽고 보수적일 수밖에 없었다. 그때 우리는 선택했다. 기다리는 대신 '만드는 쪽'이 되기로.

방송대 내에서 사이버 캠퍼스를 시범 운영하며 정책 실효성을 스스로 입증했고, 한국가상캠퍼스와 정보통신사이버대학 등을 통해 얻은 선행 경험과 지식은 사이버대학 설립에 대한 이론적 배경을 충분히 제공해주었다.

법이 없으니 '사례'로 증명했다. 그렇게 만들어낸 백서 한 권, 시스템 한 줄, 콘텐츠 강의 하나가 이후 교육부의 사이버대학 설립 기준이 되었다. 2000년 11월 한양사이버대학교, 경희사이버대학교, 서울사이버대학교 등 9개교가 교육부로부터 정식 인가를 받아 4년제 정규대학으로 개교하면서, 한국 고등교육의 지도가 다시 그려지기 시작했다.

지금, 우리는 어디에 있는가. 2025년, 사이버대학은 단지 '원격으로 공부하는 곳'이 아니다. 박사과정까지 품을 수 있는 독립된 고등교육 기관이 되었고, 누구나 시간과 장소의 제약 없이 질문하고 배우고 성장할 수 있는 플랫폼으로 자리 잡았다. 하지만 현재의 그 모든 당연함은, 그 시절의 불확실함과 끈질긴 시도들 위에 세워진 것임을 잊어서는 안 된다.

진짜 변화는 "해도 괜찮을까?"라는 고민이 아니라, "하지 않으면 안 된다"는 절박함에서 시작됐다.

지금 우리가 오르고 있는 이 계단은 누군가 새벽에 설계도를 붙잡고 교육부를 다섯 번, 여섯 번씩 오가며, 설득의 언어를 고르고, 회의실의 침묵을 견디며 놓아준 사다리 위에 있다. 그때를 기억하는 사람으로서 지금의 '사이버 고등교육의 성숙'은 단지 '진화'가 아니라, 증명된 철학의 결과라고 말하고 싶다. 그리고 그 철학은 여전히 같은 질문을 우리에게 던진다. "교육은 어디에서, 어떻게 시작되어야 하는가."

제도화를 위해서는 두 방향으로 접근했다. 하나는 정책 설계자들과의 대화였고, 다른 하나는 학습자와 교수자 커뮤니티의 피드백을 수집하는 일이었다. 행정적 언어와 교육의 언어가 통하지 않을 때, 그 사이를 연결해주는 것이야말로 기술자이자 교육자로서의 역할이라고 믿었다. 사이버대학의 가능성은 기술이 아니라 사람의 경험에서 증명되어야 했다.

초기 정책 토론회에서 나왔던 질문을 기억한다. "화면으로 수업을 듣는 것이 교육입니까?" 이 질문에 나는 되물었다. "교실에서 수업을 듣는 것이 교육입니까?" 중요한 것은 학생이 질문할 수 있느냐, 교수가 응답할 수 있느냐, 그리고 학습자가 자신의 리듬에 맞춰 배울 수 있느냐였다. 사이버교육은 그 모든 조건을 갖추고 있었다.

1999년 10월, 정부과천청사 별관 회의실에 앉아 있었다. '고등교육의 다양화와 원격 교육의 제도적 수용 방안'이라는 이름으로 열린 교육부 주관의 공청회. 사이버대학교 설립 논의가 공식 석상에서 처음 다뤄지던 날이었다. 발표자로 나선 방송대 교수 및 한국가상캠퍼스와 정보통신사이버대학 운영 책임자 자격으로 사이버 고등교육의 가능성을 말하고 있었다. 지금의 시점으로 보면 매우 자연스러운 이야기지만 그날은 긴장감이 감돌았다.

"사이버교육은 기술의 문제가 아니라 철학의 문제입니다"라고 말했을 때, 좌중의 반응은 조심스러웠다. 발표가 끝난 직후, 한 부처 관계자가 마이크를 들고 질문을 던졌다.

"지금 말씀하신 사이버교육 방식은 결국 교육의 깊이를 약화시킬 수 있는 것 아닙니까? 교수와 학생이 얼굴도 모르고, 피드백도 없이 자료만 읽는 걸 대학 교육이라 부를 수 있겠습니까?"

솔직히 익숙한 질문이었다. 그보다 더 날카로운 회의도 이미 여러 차례 했었기에, 오히려 편안하게 웃으며 이렇게 말했다.

"그렇다면 저도 묻고 싶습니다. 지금 우리가 운영하고 있는 대부분의 대학 강의는 과연 얼마나 깊은가요? 교수 한 명이 백 명 앞에서 칠판을 바라보게 하는 방식이 정말 진정한 교육입니까? 질문도 없고, 피드백도 없고, 되돌아볼 여지도 없는 그 구조가 진짜 교육입니까?"

잠시 정적이 흘렀다. 몇몇 교수님은 고개를 끄덕였고, 어떤 분은 조용히 메모를 하고 있었다.

그때 한 교육학자가 다시 마이크를 들었다. "그렇다면 교수님, 사이버교육이 추구해야 할 핵심은 뭐라고 생각하십니까?" 조금도 망설이지 않았다. "질문이 살아 있는 구조입니다. 교수자가 중심이 아니라 학습자가 중심인 구조, 반복할 수 있고, 피드백이 존재하고, 관계가 생성되는 구조, 기술은 그걸 가능하게 해주는 수단일 뿐입니다."

그날 이후, 그 발언을 여러 회의나 발표 등에서 사용하였다. "질문이 살아 있는 구조만이 교육이다." 그 말은 곧 사이버교육이 단순한 전달 방식이 아니라, 새로운 교육 철학을 품어야 한다는 선언이었다.

사실 당시만 해도 '사이버'라는 단어가 무언가 덜 진지하고, 사이비라는 느낌이 든다고들 이야기했다. 그러나 알고 있었다. 진짜 교육은 어떤 장소에서 일어나는가가 아니라, 어떤 구조에서 살아 숨 쉬는가에 달려 있다는 것을. 그날 공청회는 짧았지만, 내게는 하나의 전환점이었다. 이후 교육부 내부 논의가 바뀌었고, 제도 설계 방향이 바뀌었고, 사람들의 질문이 바뀌기 시작했다.

그때부터 우리는 '사이버로도 대학이 될 수 있는가'가 아니라, '어떻게 하면 더 나은 대학이 될 수 있는가'를 고민하기 시작했다.

그 질문은 지금도 내 안에 살아 있다.

그리고 여전히, 그 질문이 가능한 구조를 꿈꾼다.

사이버대학교의 법적 설립 요건을 갖추기 위해 우리는 커리큘럼, 교수법, 학습관리시스템[LMS], 학사 운영 시스템, 교수자 인증 기준 등 모든 틀을 다시 설계해야 했다. 기존 대학과는 전혀 다른 방식의 설계였다. 그리고 바로 그 지점에서 우리는 '모범'이 되어야 했다. 한 번의 실패는 전체 사이버교육에 대한 신뢰를 무너뜨릴 수 있었기 때문이다.

특히 교수자 육성 체계를 중시했다. 단지 강의를 녹화하는 것이 아니라, 사이버 공간에서의 소통, 콘텐츠 설계, 학습자 피드백을 중심으로 한 새로운 교수학습법을 개발하고 적용해야 했다. 이를 위해 교수자 연수를 설계하고, 일부 교수들과는 '강의 재설계 워크숍'을 통해 협업했다.

교수자들이 처음에는 낯설어했지만 강의가 공개되고 학생들의 반응이 도착하자 서서히 변화가 시작되었다. "이건 교육이 아니야"라는 말이, 어느새 "이건 내가 본 가장 열린 교실이다"라는 말로 바뀌었다. 변화는 설득이 아니라 경험으로 왔다.

결국 사이버대학 설립이 공식 인가를 받던 날, 출근길 지하철 안에서 눈시울이 붉어졌다. 제도는 변화하지 않을 것 같지만 결국 사람에 의해 움직인다는 진리를 다시금 확인했다. 그 설립은 하나의 결과가 아니라 새로운 선의 시작이었다.

지금도 생각한다. 제도는 완성형이 아니라 살아 있는 구조여야 한다고. 그리고 그 구조는 기술로 조립되지만, 철학으로 세워져야 한다고. 사이버대학교는 단지 인터넷 위에 세운 캠퍼스가 아니었다. 그것은 미래를 증명하기 위한 실험실이자, 사회적 교육 평등을 실현하려는 실천 공간이었다.

 그리고 그 설계를 이끌었던 시간은, 내 생애에서 가장 치열하고 아름다운 시간이기도 했다.

- * 첫 번째 사진은 IBM 회장 루이스 거스너의 찬사 이후, 미국의 저명한 교육 잡지 〈멀티버시티Multiversity〉에서 LOD 시스템과 나를 소개한 표지이다.
- ** 두 번째 사진은 2000년 한국IBM의 〈생각하는 사람들Thinkers〉 잡지 표지에 '사이버교육 기반구축의 선구자'로 소개된 장면이다.

두 사진은 단지 나의 경력을 기록한 것이 아니다. 그것은 교육의 디지털 혁신을 위해 시작된 첫걸음이자, 한국의 에듀테크가 세계적으로 인정받는 순간을 상징한다. 기술은 그저 도구일 뿐이다. 중요한 것은 그 도구를 통해 얼마나 많은 사람이 배움의 기회를 얻고 성장할 수 있는가 하는 것이다. 이 두 사진은 내가 그 철학을 현실로 만든 순간들을 담고 있다.

ON CAMPUS
By Duk-Hoon Kwak

Building the Virtual Un

IN KOREA, BROADCAST TECHNOLOGY ENHANCES DISTRIBUTED EDUCATION PROGRAMS

KOREA NATIONAL OPEN University (KNOU) is an advanced, open university for students with a forward-looking orientation. Our mission is to create lifelong learning opportunities for all citizens and improve South Korea's overall level of education by developing training programs and highly advanced education media. To that end, KNOU plans to use on-demand education information as an educational tool to develop leaders for the next century.

Established in 1972 as an annex college of Seoul National University, KNOU has grown to become a full university, with more than 210,000 students — almost half of them postgraduates — attending classes through 13 regional and 31 city district campuses throughout Korea. It offers four-year bachelor's degree programs in the humanities, sociology, natural sciences, education and liberal arts. Currently, faculty number nearly 300, with 550 admin-

사이버 교육 기반구축의 선구자

Wisdom from Work

시작하는 힘

"필요한 존재가 되어라"

#01 세 가지를 가진 사람이 인정받는다

손자들에게 꼭 하는 말이 있다. "세상에 태어나서 있으나 마나 한 사람이 되지 말고, 세상에 꼭 필요한 사람이 되도록 노력해라. 네가 공부를 잘하고 못하고는 그다음 문제다. 공부 잘한다고 해서 꼭 세상에 필요한 사람이 되는 것은 아니다."

인정받는 사람은 쓸데 있는 사람이 되는 것이다. 직장을 넘어 사회에서 사회를 넘어 세계에서 필요한 사람이 되어야 한다. 세상은 '잘난 사람'보다 '쓸모 있는 사람'을 원하고, 쓸모 있는 사람은 결국 필요한 사람이다. 필요한 존재는 어떤 사람일까. 인정받는 사람이다. 일을 오래 하다 보면 알게 된다. 진짜 중요한 건 실력보다 태도라는 걸. 실력은 일을 잘하게 하지만, 태도는 사람을 움직이게 한다. 태도라는 건 단순히 예의 바름이 아니라, 일을 어떻게 대하고 있는가에 대한 마음가짐이다. 일을 대하는 데 진정성, 진실성, 성실성이 필요하다. 50년 가까운 시간 동안 일을 하면서 배운 것이 있다면 진심, 진실, 성실은 일만이 아니라 삶에서도 매우 중요한 단어라는 것이다.

이 세 단어가 가지는 가치와 의미는 실로 어마어마하다. 요즘은 일이 빠르고 복잡하다. 기한은 짧고 기준은 자주 바뀌고, 누구도 한 번에 정답을 알려주지 않는다. 그럴수록 중요한 건 실력보다 태도다. 실력은 겉으로 드러나지만, 태도는 오래도록 기억에 남는다. 함께 일하고 싶은 사람은 결국, 신뢰할 수 있는 사람이다. 일을 대하는 태도에는 세 가지 기준이 있다. 진정성, 진실성, 성실성. 단어는 평범하지만, 이 세 가지가 흔들릴 때 일은 무의미해지고 관계는 표면에 머문다.

진정성은 마음을 담는 태도다. 작은 보고서에도, 단순한 메일에도, 누가 이걸 왜 기다리는지를 떠올리며 쓰는 사람은 다르다. 말투, 문장, 순서, 마감 시간까지 모두 마음의 표현이다. 마음이 빠진 일은 완성도가 높아도 공감이 없다. 진정성 있는 사람은 결과뿐 아니라 과정에서도 감동을 만든다.

진실성은 말과 행동의 일치다. 문제의 원인을 남 탓하기보다 자기 몫을 먼저 돌아보는 태도, 눈치 보며 책임을 피하기보다 묵묵히 자기 구역을 지키는 태도, 그런 사람이 신뢰를 만든다. 말보다 행동이 앞서고, 핑계보다 대안이 빠른 사람이 결국 중심이 된다.

성실성은 반복을 두려워하지 않는 힘이다. 늘 예습하듯 준비하고, 실수도 기록하며 복기하고, 기한보다 하루 먼저 내는 사람이 있다. 그런 사람은 혼자만 잘하려는 게 아니라, 함께 흐름을 맞추려는 사람이다. 성실한 사람은 느려 보일 수 있지만, 절대 뒤처지지 않는다. 성실성은 속도보다 방향이 중요하다는 것을 행동으로 보여주는 힘이다.

결국 일을 결정짓는 건 기술이 아니라 태도다. 진정성은 진심을, 진실성은 신뢰를, 성실성은 깊이를 만든다. 우리가 하는 일은 결국 삶의 태도를 담는 그릇이며, 그 그릇에 무엇을 채우는지는 오롯이 우리의 몫이다.

#02 일의 의미는 시작해야 찾을 수 있다

혹시 '3요'라는 말을 알고 있는가? "이걸요, 제가요, 왜요"이다. 그리고 최근에는 '5요'로 "지금요, 저는요"가 추가되었다. 여기에 더해서 "몰라요, 싫어요, 안 돼요…"까지. '8요', '10요'도 나올 수 있다. 나도 가끔 강연이나 후배들과의 대화에서 이런 말을 들을 때가 있다. 그럴 때마다 떠오르는 질문은 하나다. "당신은 그 일을 제대로 시작해본 적이 있는가?"

일을 하면서 가장 먼저 해야 할 일은 의미를 찾는 일이다. 그러나 그 의미는 누가 알려주지 않는다. 10년, 20년 된 선배도, 훌륭한 멘토도, 그 답을 대신 말해줄 수는 없다. 책에서, 유튜브에서, 강연장에서 힌트를 얻을 수는 있지만 정작 의미를 발견하는 일은 오로지 자기 자신의 몫이다.

나는 교육자가 아니었다. 원래는 시스템과 언어, 프로그램과 코드 속에 살던 전산 기술자였다. 제일은행 사무개선부의 프로그래머로서 어셈블리어로 서울 부산 간 보통예금 온라인화 프로그램을 만들며 첫 사회생활을 시작했을 때 내가 "에듀테크의 길을 걷는 사람"이 되리라는 건 상상도 못 했다. 당시엔 그냥 맡겨진 일을 했을 뿐이다. 월급을 받고, 책임을 다하고, 실수를 줄이고, 동료와 부딪치지 않는 것이 우선이었다. 지금 돌아보면, 그 평범했던 시작이 모든 의미의 출발점이었다.

손자들에게 해주는 말이 있다. "살다 보면 의미는 뒤늦게 찾아올 때가 많단다. 어릴 적엔 공부가 왜 중요한지 몰랐지만, 그냥 했다. 그게 학생의 역할이었으니까. 나중엔 왜 그게 나를 키웠는지 알게 된단다. 의미는 해낸 사람만이 얻는 선물과도 같단다. 그러니 알게 될 때까지 해내는 것이 먼저란다." 나도 그랬다. 의미는 정해져 있지 않았다. 일을 하면서, 실패하고, 성취하면서, 조금씩 만들어졌다.

그러니 일을 시작할 때 처음부터 원대한 목적을 세워야 한다는 부담은 덜어도 좋다. 처음엔 그냥 잘 해내는 것이 중요하다. 회사가 맡긴 일을 성실히 해내고, 옆 부서와 마찰 없이 일하고, 기한 안에 결과물을 내는 것. 이게 '의미'의 시작이다. 상대가 준 요청에 충실히 응답하는 것만으로도 당신은 일의 구조를 배우고, 관계의 힘을 익히며, 당신만의 세계를 만들어가는 것이다.

47년 동안 에듀테크의 길을 걸어왔다. 누가 보면 하나의 길을 뚜벅뚜벅 걸어온 것처럼 보일지도 모른다. 그러나 그렇지 않다. 수많은 갈래가 있었고, 수많은 선택이 있었다. 방송대, 사이버교육, KERIS, EBS, 민간 기업, 공공정책. 그때그때 주어진 역할을 다하는 사이, 의미는 자연스럽게 정립되었다.

일은 정해진 정의가 아니라, 매일 축적되는 행위의 총합이다. 일은 시작해야 의미가 생긴다. 그리고 의미는 성실한 반복 속에서 자기 모양을 찾는다.

그러니 처음엔 그냥 시작하면 된다. '왜요?'라는 질문은 좀 미뤄두고, '해볼게요'라는 말부터 꺼내보자. 망설임보다 실행이 앞서야 한다. 의미는 결국 그 선택의 끝에서 기다리고 있다.

#03 일머리는 있다

공부를 잘하는 사람은 일을 잘할까? 반은 맞고, 반은 아니다. 공부만 잘하는 사람이 있고, 공부도 일도 잘하는 사람이 있다.

공부는 못해도 일을 잘하는 사람이 있는가 하면, 둘 다 어려운 사람도 있다.

나는 지금까지 정말 다양한 사람들과 함께 일해왔다. 박사 학위를 가진 사람, 현장에서 잔뼈가 굵은 사람, 경력이 뛰어난 중간 관리자, 이제 막 사회생활을 시작한 신입까지. 그들과 함께하며 한 가지는 확신하게 됐다. 일머리는 분명히 따로 있다는 사실이다.

하지만 그 일머리가 단순히 센스나 손재주, 눈치에서 나오는 건 아니다. 진짜 일머리는 문제의 구조를 파악하고, 흐름을 이해하며, 타인의 리듬에 자연스럽게 호흡을 맞추는 능력에서 나온다. 그리고 그 바탕에는 반드시 '배움의 태도'가 자리 잡고 있다.

나는 오랜 시간 '교육'을 업으로 살아왔다. 교육은 단지 지식을 가르치는 일이 아니라, 사람을 성장시키는 일이다. 진짜 교육은 지식 전달을 넘어, 살아가는 힘을 길러주는 것이다. 올바른 마음을 가지고, 올바른 관계 속에서, 올바른 결과를 만들어내도록 돕는 것. 그것이 교육이다. 그래서 진정한 배움은 학교를 마친 이후, 일을 시작하면서 비로소 완성된다.

나는 손자들에게 이렇게 말한다.

"공부는 시험에서 끝나지 않는다. 공부는 다른 사람과 함께 일하면서 다시 시작된다."

그 말처럼, 나는 학벌이나 자격증보다 먼저 '이 사람과 함께 일하고 싶은가'를 본다.

그리고 함께 일한 사람들 가운데, 진짜 배운 사람은 일에 대한 태도와 배려가 다르다. 일을 잘하는 사람은 자기 일만 잘하는 사람이 아니라, 주변 사람까지 잘하게 만드는 사람이다. 일머리는 타고나는 것이 아니다. 작은 일을 제대로 처리하는 경험 속에서 길러지는 감각이다.

보고할 때는 맥락을 먼저 짚는 습관, 요청받은 일을 마감 하루 전까지 마무리하는 책임감, 상대 입장에서 결과물을 다시 확인하는 세심한 태도. 이런 것들이 쌓이면 사람들은 자연스럽게 말한다.

"저 사람, 일머리 있어."

내가 본 진짜 일머리는 결국 '배움의 결과'였다. 그저 시키는 대로가 아니라, 왜 그렇게 돌아가는지 이해하고 다음을 준비하는 사람. 그런 사람은 조직 안에서도 오래간다. 신뢰를 받고, 일을 위임받고, 결국 리더의 자리에 오른다.

일은 태도로 한다. 그 태도는 오늘 당신이 처리한 사소한 보고서 한 장에서 자라고 있을지도 모른다.

PART 2

선을 이으려면
지도를 펼쳐야 한다

민간과 공공의 접점에서 교육을 확장하다

08
KERIS에서 교육의 디지털 시스템을 설계하다

"디지털이 교육을 바꾸는 것이 아니라,
교육이 디지털을 바꾼다"

사이버교육의 제도화가 무르익던 시기, 다시금 새로운 장으로 옮겨가게 되었다. 고등교육정책 논의가 뜨겁던 2008년 여름 교육부 산하의 국가 교육 정보화 핵심 기관인 한국교육학술정보원KERIS의 원장으로 임명되었다.

KERIS Korea Education and Research Information Service는 전국의 초·중·고와 대학, 그리고 평생학습기관에 이르기까지 교육 전반의 디지털 인프라를 연결하고 표준화하는 중추적 역할을 맡고 있었다. 이곳에서 나의 역할은 단순한 기술 자문을 넘어, 국가 차원의 교육 정보화 전략과 정책을 설계하고 실행하는 것이었다. 재임 기간 동안 다음과 같은 주요 사업들을 추진했다.

첫째, 교육 정보화 로드맵 수립을 통해 중장기 방향성을 제시하고, 이를 통해 정부 예산과 법 제도의 흐름을 하나의 축으로 정렬했다.

둘째, 공공 LMS$^{Learning\ Management\ System}$ 표준화 및 인증 체계 구축을 추진하여, 각 교육 기관의 시스템 간 연동성을 높이고 디지털 학습 데이터의 호환성을 확보했다.

셋째, 이러닝$^{e\text{-}Learning}$ 콘텐츠 품질 관리 체계^{QA}를 도입함으로써 무분별한 콘텐츠 확산을 방지하고, 학습 효과성과 접근성을 동시에 고려한 기준을 정립했다.

넷째, KOCW$^{Korea\ Open\ CourseWare}$, 즉 2007년도에 시작한 한국형 공개강의 플랫폼을 재구조화하고 국내외 석학들이 강의한 양질의 콘텐츠 확보와 무료 서비스를 통해 고등교육 콘텐츠 서비스의 대중화를 촉진했다.

다섯째, 학교, 교육청, 교육부 간의 정보 공유와 업무 효율화를 위한 교육행정정보시스템$^{NEIS:\ National\ Education\ Information\ System}$의 슬림화를 이루었다. 당시 보안상의 정치적 이슈로 인해 물리적 분할을 위해, 학교마다 한 대의 컴퓨터 서버를 배당하여 전국적으로 수천 대의 서버가 비효율적으로 운영되고 있었다. 서버의 논리적 분할을 통해 하나의 서버에 여러 학교를 포함하는 방식으로 2,500여 대의 DB 서버를 40여 대의 DB 서버로 줄이는 획기적인 정책을 수립하였다.

여섯째, 2008년도 전국의 유치원부터 초·중·고등학교, 시·도교육청까지 교육 기관의 재정 및 행정 업무를 전자적으로 처리하고 지원하는 통합 플랫폼인 에듀파인EDUFINE: Education Finance Information Network의 개통이다.

일곱째, 2008년도에 한국의 대외경제협력기금EDCF 3,500만 달러를 이용하여 '우즈베키스탄 특수 직업교육 역량 강화 사업'을 추진하는 교육 분야의 최초 국제 협력사업을 시작하였으며 이 프로젝트로 인해 이후의 많은 교육 관련 국제 협력 사업의 모델 및 지속적인 확대 계기가 되었다.

마지막으로, 중등교육과 고등교육 간의 정보 시스템 통합 연계를 시도하며, 학생과 학부모, 교사, 대학 간의 정보 흐름이 단절되지 않도록 설계했다.

KERIS 원장으로서의 1년 4개월은 그 자체로 도전이자 축적이었다. 이 기간 동안 단지 시스템을 구축하는 것에 그치지 않고, 교육 철학이 기술 속에서 사라지지 않도록, 기술이 사람을 향할 수 있도록 끊임없이 질문하며 일했다.

당시 KERIS는 "각자 따로 가고 있는 디지털 교육의 흐름을 하나의 축으로 통합하라"는 미션을 가지고 있었다. 당시에는 중앙

부처, 지역 교육청, 대학, 민간 기업, 방송사 등이 제각기 독자적인 시스템을 만들고 있었고, 그 사이에서 학습자는 늘 같은 질문을 던지고 있었다.

"왜 저는 매번 새로 로그인을 해야 하나요?"

"왜 한번 배운 콘텐츠가 다른 기관에선 인정되지 않나요?"

"왜 공공기관 시스템은 사용이 이렇게 불편한가요?"

그 질문들 앞에서 단순한 기술 솔루션이 아닌, 철학과 원칙이 있는 '공공 플랫폼'을 만들고자 했다. 그러나 그것은 말처럼 쉬운 일이 아니었다. 기존 이해관계자들의 조정, 민간 사업자의 반발, 예산 구조의 제약, 법령과 지침의 갭 등 당시 KERIS는 그야말로 '정책과 기술의 경계'에 있었고, 그 안에서 늘 '이 길이 옳은가'를 되묻는 일부터 시작해야 했다.

어느 날 늦은 밤, 사무실에서 직원들과 함께 다음 날 보고용 시연 시스템을 점검하던 중 조용히 말했다. "기술은 하루에도 열 번 바뀝니다. 하지만 우리는 교육을 도와주는 기관입니다. 내일 바뀌지 않을 가치를 기반으로 설계해야 합니다." 그 말 이후, 몇몇 실무자가 밤늦게 남아 직접 메뉴 이름을 다시 정리해줬다. 단어 하나, 배치 하나에도 '사용자'라는 말을 처음으로 고민했던 순간이었다.

KERIS에서의 시간은 내게 많은 것을 가르쳐주었다. 그것은 정책의 시간이라기보다는 원칙을 구체화시키는 시간이었다. 그리고 그 무게를 견디는 사람들 사이에서 교육의 공공성을 다시 생각하게 되었다.

사이버교육 관련 초기 주요 과제로서 다음 두 가지 표준화 작업을 언급하지 않을 수 없다. 2004년의 SCORM 1.2 기반의 이러닝 콘텐츠 메타데이터 및 구조화와 2006년의 '학습, 교육, 훈련 LET: Learning, Education, Training 관련 교육정보 기술용어 표준화'이다.

이 두 표준화 작업은 KERIS 원장으로 오기 전부터 '한국교육 정보기술표준화 위원장'으로 깊이 관계했으며 그 후 원장으로 와서는 지속적인 개정을 통해 발전을 이어갔다. 이러한 표준화 작업은 콘텐츠의 공유 및 시스템 운영에 필수적으로 교육 기술자, 정책가, 교수자, 개발자들이 함께 머리를 맞대야 했고 그 연결고리 역할을 맡았다. 정책언어와 기술언어, 그리고 교육언어를 통합하는 그 일은 나에게 '진짜 공공교육'이란 무엇인가를 다시 묻게 했다.

또 하나의 중요한 프로젝트는 국가 차원의 교육 정보 통합 시스템 구축의 기반을 만드는 것이었다. 이 시스템은 단지 데이터 저장소가 아니라 학습자의 생애 주기 전반을 지원할 수 있는 기반이 되어야 했다. 교육 데이터를 '기록'이 아니라 '지원 구조'로 활용하고자 했다. 특히 학습자 맞춤형 서비스 설계를 위해, 초기부터 메타데이터 체계를 제안하고, 검색 기반 구조 설계에 적극 참여했다.

KERIS에서의 가장 큰 도전은 '속도'였다. 기술은 빠르게 발전하고 있었지만 행정은 느렸다. 예산, 조직, 이해관계자의 조율은 기술만으로는 해결할 수 없었다. 그래서 항상 철학을 먼저 제시했다. 왜 이 기술이 필요한가? 누가 이 구조를 통해 배움을 경험할 것인가? 교육의 본질을 잃지 않기 위해 회의실 안에서도, 정책 문서 안에서도 '질문'을 던졌다.

특히 KERIS 원장직을 수행하기 전 공개강의 콘텐츠 KOCW Korea Open CourseWare 사업의 필요성과 초기 구조를 제안했던 일을 기억한다. 이 사업은 국내 대학의 우수 강의를 누구나 무료로 시청할 수 있게 하자는 철학에서 출발했다. 공공성과 접근성을 어떻게 균형 있게 설계할 것인지가 가장 큰 과제였다. 무조건적인 공개보다는 학습자의 수준과 맥락에 맞춘 큐레이션 시스템이 필요하다고 주장했고 일부 기능은 그대로 구현되었다.

2025년 현재 KOCW는 국내외 대학의 우수 강의를 무료로 제공하는 대표적인 온라인 공개강의 플랫폼으로 자리매김하고 있다. KOCW는 2023 대한민국 고객 만족 브랜드 공공서비스 부문 대상을 수상했다. 2025년 4월 현재 KOCW는 251개 기관이 참여하고, 2만 8,221개 강의, 43만 4,552개의 강의 자료를 제공하고 있다. 국내외 학습자들에게 폭넓은 학습 기회를 제공하고 있다. 이러한 성과의 배경에는 2000년대 중반 KERIS의 선도적인 노력이 있었다.

2000년대 중반 디지털 기술이 빠르게 발전하면서 교육의 접근성과 공공성에 대한 사회적 요구도 함께 높아졌다. 고등교육은 더 이상 특정 계층에 국한된 특권이 아니라, 누구나 접근할 수 있어야 하는 보편적 권리로 여겨지기 시작했다. 당시 KERIS 원장으로서 이러한 시대적 흐름 속에서 국내 고등교육의 질적 향상과 지식 공유의 구조를 어떻게 설계해야 할지를 깊이 고민하고 있었다.

이 과정에서 미국 MIT에서 시작한 OCW^{Open CourseWare} 모델에 주목하게 되었다. 그것은 단순히 강의를 온라인에 게시하는 수준이 아니라, 학문적 자산을 사회 전체에 개방함으로써 지식의 공공성을 실현하려는 철학적 시도였다. 한국 역시 이러한 흐름을 받아들여야 한다고 판단했고, 이를 바탕으로 한국형 공개강의 플랫폼, 즉 KOCW의 필요성을 처음 정책 수준에서 제기하게 되었다.

초창기 KOCW가 지향한 핵심 목표는 세 가지였다. 첫째, 국내 대학의 우수 강의를 일반 대중에게 무료로 제공함으로써 교육의 문턱을 낮추고 지식의 공공성을 실현하는 것이었다. 둘째,

대학 간 강의 공유 체계를 구축하여 교수자들의 교수 역량을 상호 자극하고 강화함으로써 고등교육의 전반적인 질을 끌어올리고자 했다. 셋째, 성인 학습자도 언제 어디서나 필요한 내용을 배울 수 있도록 디지털 기반의 평생학습 사회를 구현하는 것이었다. 단지 대학생을 위한 시스템이 아니라, 대한민국 모든 시민을 위한 학습 인프라를 만들고자 했던 것이다.

KOCW의 개발 과정은 단순한 시스템 구축이 아니었다. 우선 해결해야 할 과제는 저작권 문제였다. 교수자 개인의 강의 자료를 공개하는 것이기 때문에, 민감한 법적 이슈를 다루지 않을 수 없었다. 이에 따라 교수자들과의 지속적인 협의와 법적 자문을 거쳐, '자발적 공개'라는 원칙 아래 신뢰 기반의 협력 구조를 마련하였다.

또한 다양한 대학의 강의 콘텐츠를 한데 모으기 위해, 강의 자료의 형식과 메타데이터를 표준화하는 작업이 선행되어야 했다. 우리는 수업의 제목, 강의 주제어, 학습 수준, 운영 기관 등의 정보를 일관되게 입력할 수 있는 구조를 설계하였고, 사용자 검색 편의성을 극대화하는 데 초점을 두었다. 이것이 후속의 다양한 오픈러닝 플랫폼에도 영향을 미친 '국가 수준의 콘텐츠 표준화' 작업이었다.

플랫폼 설계 또한 중요한 과제였다. 사용자가 쉽게 접근하고,

원하는 강의를 직관적으로 찾을 수 있어야 했다. 이를 위해 IT 전문가들과 긴밀히 협력하여 사용자 친화적 인터페이스와 안정적인 서버 구조를 갖춘 시스템이 개발될 수 있도록 노력하였다. 강의 영상의 품질, 자막 제공, 모바일 접근성 등의 요소도 초창기부터 고려되었다.

마지막으로 중요한 과제는 확산 전략이었다. 아무리 좋은 콘텐츠가 있어도 사용하지 않으면 무용지물이 된다. 우리는 대학들과의 긴밀한 협력 속에서 시범 강좌를 운영하고, 대중 매체를 활용한 홍보 활동을 병행했다. 또한 교육부, 국회, 지방자치단체와의 공식 협력을 통해 KOCW가 단순한 온라인 서비스가 아니라, 국가 교육 전략의 일부임을 각인시키는 작업도 함께 진행하였다.

이처럼 KOCW는 기술과 철학, 제도와 실행이 복합적으로 맞물린 결과물이었다. 그리고 그 출발점에서 가야 할 방향을 제시하였으며 원장으로 부임한 후에는 발전 방향을 구체화하고 양질의 콘텐츠를 확보하기 위해 부단한 노력을 기울였던 것을 지금도 자랑스럽게 생각한다. 2025년 오늘, 다양한 강의가 열려 있고, 누구나 지식에 손을 뻗을 수 있게 된 이 플랫폼이 존재할 수 있었던 것은 바로 그 시절의 작고 치열한 시작 덕분이다. KOCW는 단지 콘텐츠 저장소가 아니다. 그것은 지식을 공유하는 방식의 전환점이며, 한국 교육이 공공성이라는 가치를 향해 내디딘 첫 번째 발걸음이었다.

KERIS에서의 시간은 나에게 '기술과 행정의 균형'을 어떻게 잡을 것인지 끊임없이 묻는 시간이었고, 동시에 국가 단위 교육 철학이 무엇이어야 하는지 스스로 정리하는 과정이기도 했다. 단순히 프로그램을 만들고 시스템을 구축하는 것이 아니라, 사람을 위한 구조를 짜는 일이었다.

이 과정을 통해 확신하게 되었다. 기술은 교육을 도울 수 있다. 하지만 그것이 교육을 대신해서는 안 된다. 기술은 도구이자 매개이고, 결국 교육의 본질은 사람과 사람 사이의 이해와 연결이라는 것.

KERIS에서 선을 그었다. 보이지 않는 거대한 선. 그것은 수많은 사람의 배움을 지원하는 기반이 되었고, 지금도 우리 사회의 공공교육 인프라 안에서 작동하고 있다.

그 시스템 안에 '철학'을 심고 싶었다. 그리고 지금도 믿는다. 교육 시스템이 진짜 시스템이 되기 위해서는 사람을 향한 철학이 있어야 한다.

09

EBS에서 공교육의
디지털 대전환을 추진하다

"방송은 교육을 담고, 디지털은 그 경계를 허문다"

    2009년 10월, 한국교육학술정보원KERIS 원장에서 한국교육방송공사EBS: Educational Broadcasting System 사장으로 자리를 옮겼다. 디지털 전환이 본격화되던 시기, 아이폰을 필두로 스마트폰이 급속히 보급되면서 교육과 방송의 경계도 흐려지고 있었다. 기술이 일상에 깊숙이 들어오고, 사람들은 더 이상 '디지털'이라는 단어를 낯설어하지 않았다. 벽이 낮아졌다는 느낌, 시도하고 도전할 수 있다는 분위기 속에서 EBS는 교육 공영방송의 정체성과 시대적 흐름 사이에서 새로운 길을 모색하고 있었다. 나에게 주어진 역할은 단순히 방송사의 경영자가 아닌, 공공교육 콘텐츠의 방향성과 전략을 고민하는 교육인으로서의 책임이었다.

EBS에 오자마자 가장 먼저 추진한 것은 '콘텐츠 EBS', '글로벌 EBS', '스마트 EBS'라는 새로운 비전을 수립하는 것이었다. 조직을 디지털 중심으로 개편하며, EBS의 전 사업을 아날로그에서 디지털 기반으로 전환하였다. 특히, 당시 사회적 이슈였던 사교육비 경감을 위해 EBS 강의와 수능 연계를 본격화하였고, 모든 교육 영상을 짧고 활용도 높은 클립형 콘텐츠EDRB: Educational Digital Resource Bank로 변환하여 교사들이 수업 중에 효과적으로 활용할 수 있도록 하였다. 경영관리실을 '스마트서비스센터'로 전환하고, 기술본부를 '융합미디어본부'로 개편하는 등 기존 방송업계의 아날로그 방송 문화를 디지털 방송 문화로 바꾸는 파격적인 변화를 시도했다. 당시에는 반발도 있었지만, 결과적으로 혁신적인 리더십으로 인정받았던 의미 있는 시기였다.

EBS에서 보낸 약 3년 1개월 동안 우리는 다양한 시도를 통해 교육 방송의 지평을 넓혀갔다. 가장 상징적인 성과는 단연 '다큐프라임' 시리즈였다. 특히 〈학교란 무엇인가〉와 〈독도를 넘보지 마라 – EBS 수능 강사는 말한다〉 그리고 〈자본주의 4.0〉 등은 교육계와 시청자 모두에게 깊은 인상을 남기며 교육 다큐의 새로운 가능성을 열었다. 2011년, EBS 다큐멘터리 〈학교란 무엇인가〉 시리즈는 성공을 거두었다. 그중 '우리 선생님이 달라졌어요'는 제38회 한국방송대상에서 대상을 수상하는 영예를 안았다. 또한, '미래 학교를 찾아서'는 방송통신위원회 방송대상 우수상과 이달의 PD상을 받았다. 이러한 성과는 교육과 다큐멘터리, 공영성과 실험 정신이 절묘하게 어우러진 결과였다.

또한 이 시기는 스마트러닝이라는 개념이 본격적으로 등장한 시점이기도 했다. 우리는 EBSi(대입 수능 대비 온라인 교육 플랫폼)를 중심으로 고등학교 교육 콘텐츠를 모바일 환경에 맞춰 재정비하고, 수험생들을 위한 〈수능 개념 완성〉 등 맞춤형 콘텐츠를 확대했다. 스마트폰 기반의 VOD$^{\text{Video on Demand}}$ 서비스, 모바일 앱 도입 등 기술 기반의 서비스 확장은 단순한 트렌드를 넘어서 EBS가 '디지털 공교육 플랫폼'으로 자리 잡는 데 결정적인 역할을 했다.

그 시기, EBS는 국내외에서 연이어 수상의 영광을 안았다. 한국방송대상 다큐멘터리 부문 2년 연속 수상, 방송통신위원회 방송대상 수상 등은 EBS의 콘텐츠 품질과 방향성에 대한 사회적 신뢰를 보여주는 지표였다. 시청자 만족도 조사에서도 교육 콘텐츠 부문 1위를 지속하며, 공영방송의 본질을 지켜가면서도 끊임없이 새로움을 추구했던 시간들이었다.

이 시기의 가장 큰 성취 중 하나는 '수능 연계 정책'이었다. 당시 교육부와의 협의를 통해 "수능의 70%는 EBS 강의에서 출제된다"는 원칙을 세우고, 실제 수능 출제와 EBS 강의의 연계도를 높이는 콘텐츠 전략을 시행하였다. 학생들은 고액의 사교육 없이도 집에서 공공 콘텐츠로 학습할 수 있었고, EBSi를 통해 실시간 강의와 문제풀이, 질의응답을 병행할 수 있었다. 이는 사교육 의존도를 낮추고, 교육의 형평성을 높이기 위한 공교육 강화 정책의 상징이 되었다.

한 학습자는 EBS 게시판에 이렇게 썼다. "학원에 가지 않아도 성적이 올랐어요. 엄마가 울면서 고맙다고 하셨어요." 문장을 읽고 확신했다. 방송은 교육을 담고, 디지털은 그 경계를 허문다.

늘 말해왔다. "기술이 교육을 대체하는 것이 아니라, 교육의 손이 되어야 한다." EBS는 그 손이 되었다. 학습자에게는 기회의 손, 교사에게는 협력의 손, 부모에게는 신뢰의 손이었다. 디지털이라는 파도 위에서, EBS는 가장 단단한 배가 되어주었다.

많은 언론과 교육 관계자들은 이 시기를 EBS의 '황금기'라 부르기도 했다. 나 역시 그 표현에 공감한다. 다만, 그것은 단지 시청률이나 수상 때문이 아니라, 우리 모두가 '교육이란 무엇인가'라는 근본적 질문 앞에 가장 진지하게 마주했던 시기였기 때문이다. 교육의 공공성과 접근성, 기술과 사람 사이의 균형, 콘텐츠의 깊이와 확장성에 대해 하루도 쉬지 않고 고민하고 실험했던 날들이었다.

돌이켜보면 EBS에서의 시간은 나에게 또 하나의 전환점이었다. 기술과 콘텐츠, 정책과 교육의 접점을 찾는 일은 여전히 어렵고 복잡했지만, 우리는 그 복잡함을 외면하지 않았다. 오히려 그 안에서 길을 찾으려 했고, 결국 그것이 새로운 교육의 형식을 만들었다. 지금도 EBS의 다큐멘터리 한 장면, 스마트폰으로 수업을 듣는 한 학생의 얼굴, 교사와 부모의 간절한 피드백이 생생히 떠오른다. 나는 그 시간들을 자랑스럽게 기억한다. 그리고 그 기억은 앞으로의 교육을 상상하는 데 여전히 큰 영감을 준다.

또한 EBS 사장으로 취임할 때 내걸었던 추진 방향 중의 하나인 '글로벌 EBS' 전략을 구체화하기 위해 재임 중에 해외 네트워크를 확대하고 글로벌 수준의 우수 콘텐츠 확보에 심혈을 기울였다. 과학 콘텐츠 확보를 위한 러시아 국영방송국인 모스크바방송국 및 블라디보스톡방송국과의 업무 협약, 상업 광고 없이 교육적이고 공익적인 콘텐츠를 제공하는 비영리 공영방송인 미국의 PBS와의 업무 협약, 그리고 그 당시 구글이 인수한 유튜브와의 교육 콘텐츠 관련 공동 채널을 열기로 한 업무 협약 등은 EBS의 획기적이고 발전적인 전략으로 평가받고 있다.

10

공공과 민간이 함께
교육 콘텐츠를 진화시키다

♦

"콘텐츠는 혼자 만들 수 없다"

EBS에서의 경험은 나에게 다시 한번 확신을 심어주었다. 교육은 결코 혼자 만들어지는 일이 아니라는 점. 공공이든 민간이든, 교육 콘텐츠의 진화는 다양한 주체들의 협력과 호흡 위에서만 가능하다. 방송대, KERIS, 그리고 EBS를 거치며 콘텐츠 개발이 단순한 제작의 문제가 아니라 '공동 설계의 철학'이 필요한 일임을 절실히 체감했다.

2000년대 후반 한국교육학술정보원KERIS에서 근무할 당시 다양한 민간 기업, 출판사, 그리고 교수진들과 함께 협업 체계를 만들기 시작했다. 단순한 하청 구조가 아니라, 교육정책의 방향과 학습자 중심의 설계 철학을 공유하는 구조를 만들기 위한 시도였다. 그러한 방향에서 KERIS와 관계하는 기업들과 2009년에 BPK^{Business Partner with KERIS}라는 네트워크를 만들고 매월 1회 조찬 포럼을 열어 상호 의견을 교환하고 발전 방향을 모색했다. 그 중심에는 '디지털교과서 시범 사업'과 KOCW 프로젝트가 있었다.

현장의 교사는 교과에 대한 전문성과 학습자 이해 능력을 제공했고, 민간 기업은 기술력, 디자인 감각, 플랫폼 구축 능력을 가져왔다. KERIS는 그 가운데서 콘텐츠 품질과 정책 방향성을 조율하는 메신저이자 코디네이터 역할을 자처했다. 이것은 단지 협업이 아니라 '공공성과 창의성의 융합'이었다.

교육의 디지털화는 단순히 텍스트를 온라인에 옮기는 일이 아니다. 그것은 완전히 다른 구조와 문법을 요구하는 작업이다. 학생의 주의를 끌 수 있는 시각적 인터페이스, 다양한 난이도 조정, 반복 학습이 가능한 구조, 실시간 피드백을 염두에 둔 설계. 이 모든 요소가 조화롭게 연결되어야 진짜 '살아 있는 콘텐츠'가 만들어진다.

EBS에서 이러한 개념을 실제로 구현해나갔다. 고등학생을 위한 수능 연계 콘텐츠부터 영유아 대상의 창의 학습 애니메이션까지. 우리는 민간 크리에이터들과 협업하며 'EBS 스타일'에만 갇히지 않기 위해 애썼고, 다양한 제작사와의 공동 기획을 통해 학습 성과를 높일 수 있는 포맷을 실험했다. '콘텐츠는 결국 함께 만들고 함께 사용하는 것'이라는 철학은 그 모든 실험의 중심에 있었다.

당시 EBS에서 민간 제작사, 크리에이터, 출판사와 공동 기획한 대표 콘텐츠 사례로는 〈다큐프라임〉 시리즈가 있다. 예를 들어, 앞에서 이야기한 〈학교란 무엇인가〉와 같은 프로그램은 외부 전문가와의 협업을 통해 기획되었으며, 각자의 역할 분담을 통해 콘텐츠의 깊이와 다양성을 확보하였다.

그런 경험들을 바탕으로 EBS 사장의 임기를 마치고 2013년 2월 민간 교육 기업인 '아이스크림미디어(당시 시공미디어)'로 자리를 옮기게 되었다. 공공 기관에서의 경험만으로는 담아낼 수 없는 교육 현장의 온도와 실감을 체감하고 싶었기 때문이다. 교사가 어떻게 콘텐츠를 받아들이고, 학생이 어떻게 반응하는지. 책상 위 기획만으로는 절대 알 수 없는 것들이었다. 콘텐츠는 결국 교실에서 완성된다. 그 생생한 순간을 직접 보고 싶었다.

실제로 참여한 민간 프로젝트들에서도 마찬가지였다. 콘텐츠는 늘 교사, 학생, 기술자, 디자이너, 정책가 등 수많은 사람의 협업으로 만들어졌다. 누군가는 시나리오를 쓰고, 누군가는 그림을 그리고, 누군가는 수업에 적용하며, 누군가는 그 데이터를 분석한다. 그리고 그 모든 과정을 거쳐야 비로소 '학생의 눈높이에 맞는 콘텐츠'가 세상에 나온다.

민간 기업에서 교육 콘텐츠를 기획·개발하며 실제 학교 현장에서 활용한 구체적인 경험으로는, 교사들의 피드백을 반영하여 콘텐츠를 지속적으로 개선한 사례가 있다. 예를 들어 특정 수업 자료에 대한 교사의 의견을 수렴하여 인터페이스를 개선하고, 학습 효과를 높이는 방향으로 콘텐츠를 수정하였다. 이를 통해 학생들의 반응도 긍정적으로 변화했다.

'공공이니까 믿을 수 있다', '민간이니까 창의적이다'라는 이분법은 이제 더 이상 통하지 않는다. 콘텐츠는 둘 사이의 경계를 허물고, 그 안에서 의미와 가치를 만들어가는 존재다. 그 중간지점에서 살아 있는 교육을 만들고자 했다.

콘텐츠는 혼자 만들 수 없다. 그것은 공동의 작업이며, 공동의 철학이다. 교사와 학부모, 학생, 정책가와 기술자, 그리고 사회 전체가 연결된 이 복잡하고 아름다운 생태계 속에서 교육 콘텐츠는 계속 진화해가고 있다.

공공은 정책을 설정하고 예산을 집행하며, 민간은 실행을 담당하는 단순한 역할 분담은 이제 더 이상 효과적이지 않다. 시대는 변했고, 교육도 변했다. 공공과 민간이 각자의 영역에서 따로 움직이는 시대는 지났다. 지금 필요한 것은 함께 기획하고, 함께 만들어가는 '공동 창조Co-creation'의 교육 생태계다.

과거의 협력 방식은 '갑을 관계'에 가까웠다. 공공이 목표를 설정하고, 민간이 그 목표에 맞춰 일하는 구조였다. 공공은 방향을 제시하고, 민간은 지시받은 대로 콘텐츠를 개발하거나 서비스를 제공하는 단방향 시스템이었다. 하지만 이는 더 이상 통하지 않는다. 시대는 더 빠르게 변화하고, 학생들의 학습 방식도 급격히 다변화하고 있다. 공공과 민간이 '어떻게 협력할 것인가'에 대한 근본적인 고민이 필요한 시점이다.

교육 콘텐츠는 더 이상 공공이 '이렇게 만들라'고 지시하고, 민간이 '네, 그렇게 만들겠습니다'라고 수동적으로 따르는 방식으로는 진정한 교육적 가치를 창출할 수 없다. 이제는 공공과 민간이 처음부터 함께 기획하고, 학습 목표를 설정하고, 콘텐츠의 형식을 논의하며, 학생들의 학습 경험을 설계하는 협력적 구조가 필요하다. 정책 방향 설정부터 현장 적용까지 모든 과정을 함께 만들어가는 것이 핵심이다.

예를 들어, 디지털교과서 하나를 개발한다고 가정해보자. 전통적 방식이라면 공공이 교과 내용을 설정하고, 민간은 디자인과 기능 개발을 담당할 것이다. 그러나 이런 방식에서는 공공은 현장성을 놓치고, 민간은 교육적 가치를 간과하기 쉽다. 하지만 함께 기획한다면 상황이 달라진다. 공공은 학습 목표와 교과 내용을 제시하되, 민간의 기술적 전문성과 디자인 감각을 반영해 학생들이 더 흥미롭게 학습할 수 있는 인터랙티브 콘텐츠를 설계할 수 있다. 교사는 학생들의 학습 방식과 현장의 피드백을 제공하며, 학생들도 사용자로서 콘텐츠 개선에 참여할 수 있다.

이렇게 기획 단계부터 공공과 민간이 함께 참여하는 구조는 단순한 '업무 분담'이 아니라 '공동 창조'로 이어진다. 공공은 교육적 목표를 설정할 수 있고, 민간은 최신 기술을 활용한 학습 경험을 설계할 수 있으며, 교사와 학생은 실제로 콘텐츠를 사용하며 피드백을 제공한다. 이렇게 완성된 콘텐츠는 단순히 공공의 지시를 이행한 결과물이 아니라, 공공, 민간, 학교, 학생이 함께 만들어낸 살아 있는 교육 콘텐츠가 된다.

이런 협력적 구조를 실현하기 위해서는 제도적 변화도 필요하다. 공공과 민간의 협력 체계를 갑을 관계로 유지하려는 관성을 벗어나, '교육 혁신 파트너십'을 공식적으로 제도화할 필요가 있다. 공공은 민간을 단순히 외주로 취급하지 않고, 민간은 공공의 정책을 단순히 지시로 받아들이지 않도록 상호 대등한 협력 구조를 마련해야 한다. 예를 들어, 공공과 민간이 공동으로 교육 콘텐츠를 기획하고 개발할 수 있는 '공동 기획 TF(태스크포스)'를 운영하거나, 정기적으로 의견을 교환할 수 있는 협의체를 구성할 수 있다. 정책 결정에서 현장 적용까지의 모든 과정을 함께 설계하고, 함께 점검하는 것이다.

디지털교과서 개발뿐만 아니라, 진로 교육, 직업 탐색 프로그램, 메타버스 기반의 체험형 콘텐츠 등 모든 교육 영역에서 이러한 공동 기획이 필요하다. 공공은 공공성, 형평성, 품질 보증을 책임지고, 민간은 최신 기술과 사용자 경험을 반영하며, 교사와 학생은 현장의 피드백을 통해 콘텐츠를 끊임없이 개선할 수 있다. 이는 단순히 협업의 시너지를 넘어서, 각 주체가 스스로의 역할을 재정의하고, 서로의 영역을 넘나들며 교육 콘텐츠를 함께 창조하는 과정이다.

갑을 관계로 일하는 시간은 지났다. 교육은 이제 '누구의 일'이 아니라 '우리의 일'이어야 한다. 공공과 민간은 서로의 강점을 이해하고 존중하며, 함께 목표를 설정하고 함께 문제를 해결하는 동반자가 되어야 한다. 교육 콘텐츠는 단순한 지식 전달 수단이 아니라, 미래 세대의 성장을 돕는 도구다. 그리고 그 도구는 공공과 민간이 함께 만들어갈 때 비로소 진정한 가치와 효과를 발휘할 수 있다.

더 이상 공공이 민간을 통제하거나, 외주로 취급하는 시대는 끝났다. 교육은 모두의 책임이며, 모두의 기여로 완성될 수 있다. 공공과 민간, 학교와 지역사회, 교사와 학생이 함께 기획하고, 함께 설계하고, 함께 실행하는 새로운 교육 생태계를 만들어야 한다. 그것이 진정한 의미에서 '함께 만드는 교육'이다.

미래의 교육 콘텐츠는 공공과 민간의 협업을 통해 완성될 것이다. 교육은 단순히 교과 지식을 전달하는 것을 넘어, 학생들이 스스로 탐구하고 문제를 해결할 수 있도록 돕는 방향으로 진화하고 있다. 이런 변화 속에서 공공과 민간의 협업은 단순히 양쪽의 장점을 결합하는 것을 넘어, 새로운 교육 생태계를 형성하는 핵심 요소로 자리 잡고 있다.

공공은 교육의 방향성과 공공성을 보장하는 역할을 한다. 정부는 교육의 목표와 기본 원칙을 설정하고, 콘텐츠의 품질을 관리하며, 모든 학생이 평등하게 학습할 수 있는 환경을 마련한다. 이를 통해 교육이 특정 지역이나 계층에 국한되지 않고, 전국 어디서나 동일한 학습 기회를 제공할 수 있도록 한다. 반면, 민간은 창의성과 기술력으로 공공의 틀을 더욱 풍부하게 만든다. 최신 기술을 활용한 상호작용형 콘텐츠, 시각적 디자인, 사용자 경험을 고려한 UI/UX 설계는 민간의 강점이다. 민간은 빠르게 변화하는 기술을 콘텐츠에 반영할 수 있으며, 학생들의 흥미를 유도할 수 있는 다양한 방식으로 콘텐츠를 기획할 수 있다.

공공과 민간의 협업이 성공하기 위해서는 서로의 역할을 명확히 정의하고, 협력의 시너지를 극대화할 수 있는 구조가 필요하다. 공공은 방향성을 제시하고, 민간은 실행력을 더하는 방식이다. 예를 들어, 디지털교과서 개발에서 공공은 학습 목표와 교육적 효과를 설정하고, 민간은 이를 시각화하고 상호작용할 수 있는 플랫폼을 설계할 수 있다. 이러한 협업은 단순히 양쪽의 장점을 결합하는 것을 넘어, 서로의 부족함을 보완하고 교육 효과를 극대화할 수 있는 방식이다.

협업은 말처럼 쉽지 않다. 공공과 민간은 목표와 우선순위, 조직 문화가 다르기 때문이다. 공공은 공공성을 중시하며 안정성을 추구하는 반면, 민간은 수익성과 창의성, 신속성을 중요하게 여긴다. 이러한 차이를 극복하기 위해서는 양측이 공동의 목표를 명확히 설정하고, 상호 신뢰를 바탕으로 협력할 수 있는 시스템을 구축해야 한다. 단순히 공공이 민간에 개발을 맡기고 결과를 기다리는 방식이 아니라, 기획 단계부터 개발, 운영, 평가까지 전 과정을 함께 설계하고 실행하는 체계적 협력이 필요하다.

특히 협업 콘텐츠 개발에서는 지속적인 피드백 시스템이 중요하다. 공공과 민간이 함께 콘텐츠를 개발하고 나면, 현장에 적용된 이후 교사와 학생들의 피드백을 수집하여 이를 반영해 콘텐츠를 지속적으로 개선해야 한다. 이를 통해 콘텐츠는 단순히 개발된 상태에서 멈추지 않고, 학생들의 학습 경험을 통해 더욱 진화할 수 있다. 예를 들어, 디지털교과서의 경우 학생들이 어려움을 느끼는 개념이나 문제 유형을 실시간으로 파악하여, 해당 부분을 보완하거나 추가 설명을 제공할 수 있도록 해야 한다.

또한 협업의 성공을 위해서는 공공이 민간에 충분한 자율성을 부여하는 것이 중요하다. 공공이 지나치게 규제를 강조하거나, 민간의 창의성을 제한할 경우 협업은 실패할 수 있다. 반대로 민간도 공공의 목표와 방향성을 존중하고, 교육의 공공성을 지키는 책임감을 가져야 한다. 공공과 민간의 협업은 단순히 양쪽의 자원을 공유하는 것이 아니라, 서로의 철학을 이해하고 조율하는 과정이다.

미래의 교육 콘텐츠는 공공과 민간의 협업을 통해 더 넓고 깊은 학습 경험을 제공할 수 있을 것이다. 공공은 모든 학생이 평등하게 학습할 수 있는 환경을 보장하고, 민간은 창의적이고 상호작용이 가능한 콘텐츠를 제공하여 학생들의 흥미를 자극한다. 이 과정에서 교사와 학부모, 지역사회가 함께 참여할 수 있는 '공동체 기반의 교육 생태계'가 형성될 수 있다.

결국 교육 콘텐츠는 혼자 만들어질 수 없다. 그것은 공동의 작업이며, 공동의 철학이다. 공공과 민간, 학교와 지역사회, 교사와 학생 모두가 함께 참여할 때, 진정한 교육 혁신이 가능하다. 우리는 이제 '누가 만들 것인가'가 아니라, '어떻게 함께 만들 것인가'를 고민해야 한다. 공공과 민간이 함께 만들어가는 교육 콘텐츠는 더 넓은 학습 경험을 열어줄 것이며, 더 많은 학생에게 배움의 기회를 제공할 것이다. 그것이 바로 진정한 '교육의 미래'다.

11
스마트러닝으로 수업의 시간을 재구성하다

◆

"교과서가 디지털로 뛰어들 때, 수업은 살아난다"

2010년대 초반 학교 수업은 조용히 그러나 뚜렷하게 변화하고 있었다. 칠판 앞에서 교사가 일방적으로 설명하고, 학생은 받아 적던 방식은 점점 자취를 감추고 있었다. 그 빈자리에 하나둘씩 등장한 것이 바로 태블릿과 스마트기기를 활용한 '스마트러닝'이었다.

이 개념이 처음 등장했을 때, 많은 사람이 이를 일시적 기술 유행쯤으로 여겼다. 그러나 나는 달랐다. 이것은 단순한 '디지털 도구의 도입'이 아니라, 수업의 구조 자체를 뒤흔드는 '교육의 재설계'라고 보았다. 학생이 더 이상 수업의 '수신자'가 아니라 '주체자'가 되는 구조, 그것이야말로 스마트러닝의 본질이었다.

KERIS와 EBS에서의 경험 덕분에 이 변화의 가장 앞단에서 실험할 수 있는 기회를 가질 수 있었다. 특히 교육부와 함께 추진한 스마트교육 종합 추진 전략과 디지털교과서 시범사업은 그 시작점이었다.

디지털교과서 초기 시범사업 당시 참여했던 학교나 지역에서는 다양한 반응이 있었다. 일부 교사들은 새로운 시스템에 대한 기대감을 나타냈으며, 학생들도 흥미를 보였다. 그러나 인프라 부족, 기술적 문제 등으로 인해 시스템 보완의 필요성이 제기되었고, 이를 해결하기 위한 노력이 이어졌다.

당시 전국 각지의 학교들을 돌아다녔다. 그리고 스마트러닝이 실제 수업 현장에서 어떻게 작동하는지 직접 보고 들었다. 인상 깊었던 장면이 있다. 한 초등학교 교실에서 모든 학생이 태블릿을 들고 교과서를 넘기듯 화면을 넘기고 있었다. 아이들은 각자 자신의 속도에 맞춰 문제를 풀고, 모르는 부분은 다시 보고, 팀을 짜서 의견을 나누고 있었다. 그날 수업이 끝난 뒤, 한 학생이 이렇게 말했다.

"교과서가 움직이는 것 같았어요."

그 말을 잊을 수 없다. 그 한 줄 속에 미래교육의 본질이 담겨 있었기 때문이다.

스마트러닝이 바꾼 것은 단지 도구가 아니었다. 그것은 '시간'

과 '공간'의 제약을 지운 사건이었다. 언제, 어디서나, 누구나, 자신만의 속도로 배울 수 있다는 가능성. 교사는 이제 지식을 전달하는 사람이 아니라, 학습 환경을 설계하고 조율하는 '학습 디자이너'가 되어야 했다. 그리고 실제로 많은 교사가 이 전환을 기꺼이 감수해주었다.

물론 초기에는 어려움도 많았다. 인프라가 부족한 학교, 교사들의 디지털 활용 역량, 표준화되지 않은 콘텐츠들, 그리고 무엇보다 학생들의 학습 몰입도 관리라는 과제가 있었다. 하지만 그보다 더 컸던 것은 '해보자'는 마음이었다. 기술이 교실에 들어왔을 때 가장 먼저 바뀐 것은 환경이 아니라 '사람의 태도'였다.

이 시기 여러 스마트러닝 민관 협력 프로젝트에도 참여했다. 태블릿 기반 콘텐츠 설계, 학습 분석 데이터를 활용한 맞춤형 피드백 시스템 구축, 교사용 디지털 교안 제공 등 다양한 실험이 이어졌다. 기술의 가능성만을 말한 것이 아니었다. 늘 현장의 관점에서, 교사와 학생의 실감을 중심에 두고 설계하고 피드백하며 조정해나갔다.

스마트러닝 교사 연수나 콘퍼런스 등에서 받은 교사들의 생생한 피드백은 매우 유익했다. 일부 교사들은 기술 도입에 대한 두려움을 표했지만, 연수를 통해 자신감을 얻고 기대감을 나타내기도 했다. 이러한 경험은 변화의 지점이 되었으며, 교사들의 적극적인 참여를 이끌어냈다.

결국 스마트러닝은 기술이 수업 속으로 들어온 사건이었다. 그러나 그로 인해 변화한 것은 기술이 아니라 '교육에 대한 사고방식'이었다. 스마트기기는 학생의 손에 들려 있었지만, 진짜로 움직인 것은 교사의 관점, 수업의 구조, 교육의 철학이었다.

이 시기를 교육의 '탈물리화'가 본격적으로 시작된 시점이라 정의하고 싶다. 공간의 한계를 넘어서고, 시간의 속박을 풀어내며, 개별 학생에게 최적의 배움을 제공할 수 있게 된 출발점. 그리고 그 중심에는 '학습자 중심'이라는 원칙이 있었다.

교육은 늘 시대를 따라 변하지만, 그 본질은 결코 변하지 않는다. 배움은 여전히 사람과 사람 사이의 일이다. 스마트러닝은 그것을 더 깊게, 더 넓게 만들 수 있는 기술이었고, 그 기술을 '교육의 손'으로 만들고 싶었다. 그리고 그 손은 이제 더 많은 교실을 향해 뻗어가고 있다.

12
아이스크림미디어에서
교육과 기술의 교차점을 찾다

"아이스크림S는 민간이 만든 배움의 놀이터이다"

　EBS에서의 임기를 마친 뒤, 교육의 또 다른 축인 민간 현장을 직접 경험하고자 결심했다. 공공에서 정책을 설계하고 시스템을 만든 사람으로서, 그것이 현장에서 어떻게 구현되는지를 직접 보고 싶었다. 그렇게 선택한 곳이 바로 '아이스크림미디어(당시 시공미디어)'였다. 많은 이가 공공 영역에서 민간 기업으로의 전환을 의아하게 여겼지만, 나에게는 자연스러운 흐름이었다. 교육은 본래 공공과 민간이 함께 만들어가는 공동체이며, 양 축이 균형을 이루는 곳에서 진짜 혁신이 피어난다고 믿었다.

　아이스크림미디어는 단순한 교육 콘텐츠 제작 회사를 넘어, 교실에서 실제로 사용되는 스마트러닝 도구를 끊임없이 실험하고 개선하는 '현장형 에듀테크 기업'이었다. 개발자, 기획자, 디자이너, 그리고 교사들이 한 팀이 되어 제품을 만들고, 그것을 실제 수업에 적용하며 지속적으로 피드백을 주고받는 순환 구조는 매우 인상적이었다.

아이스크림미디어에는 학교 현장에서 에듀테크를 활발히 활용해온 현직 교사 출신의 임직원이 다수 근무하고 있다. 이들은 각 부서의 담당자들과 빠르고 유기적으로 협의하며 아이디어를 제시하고, 개발 결과물에 대한 즉각적인 피드백을 제공하고 있다.

여기에 더해, 수백 명 규모의 교사 자문단을 운영하며 다양한 현장의 의견을 수렴하고, 그 의견이 반영된 서비스들은 매일같이 수많은 교사들의 실제 수업 현장에서 실질적인 도움을 주고 있다. 이러한 구조는 단순한 '개발 후 검토'가 아닌, 개발 초기부터 교사들이 함께 설계에 참여하는 동반자적 구조로 기능하고 있었다.

특히 기억에 남는 프로젝트는 2007년도에 출시된 '아이스크림S' 플랫폼이었다. 현재까지도 전국 초등학교의 93%가 넘는 교사들이 수업 보조 도구로 활용하고 있으며, 초등 전 학년, 전 교과에 걸쳐 수많은 콘텐츠와 보조 도구가 집약된, 사실상 세계 최초의 디지털교과서였다. 무료로 제공되면서도 지속적으로 업

그레이드되고 있다는 점에서 교사들의 충성도와 활용 빈도가 매우 높았다.

이 기업에서 받은 가장 큰 인상은 '속도'였다. 공공기관에서는 기획부터 시범 적용까지 수개월에서 1년이 소요되는 일이 흔했다. 그러나 이곳에서는 아이디어가 나오면 그 주에 바로 프로토타입을 만들고, 다음 주에 교사들과 함께 파일럿 수업을 진행했다. 민첩함과 실험 정신, 그리고 유연성. 이것이 민간이 가진 경쟁력이자 에듀테크의 본질이라고 생각했다.

무엇보다 교사들이 콘텐츠 개발에 직접 참여한다는 점이 인상 깊었다. 이 회사는 단지 교육 자료를 만들어 파는 기업이 아니라, 현장의 교사와 함께 콘텐츠를 만들고, 수업의 실제 흐름을 데이터로 분석하여 반영하는 '살아 있는 조직'이었다. 교사의 노하우가 실제 수업 자료로 구현되고, 그 안에서 교사-학생-콘텐츠 간의 상호작용이 유기적으로 일어나는 구조였다.

학교 현장을 가장 잘 이해하고 늘 교사들의 목소리에 귀 기울이는 사람들이 바로 교사 자신이다. 교사들은 어떤 서비스가 필요한지를 누구보다 명확히 알고 있었고, 우리는 이를 실시간으로 확인하며 반영해나갔다. 현장에서 자주 활용되는 콘텐츠를 주기적으로 조사했고, 그 결과를 바탕으로 어떤 형식으로 제공해야 교사들이 가장 효과적으로 사용할 수 있을지에 대해서도 끊임없이 의견을 구했다.

　교사들의 콘텐츠 제작 참여 방식은 단편적이지 않았다. 교사들을 위한 전용 블로그 서비스, 영상 공유 플랫폼, 퀴즈 제작 도구, 에듀테크 기반의 콘텐츠 저작도구 등을 다양하게 제공했고, 이에 전국의 많은 교사가 자발적으로 참여하고 있었다. '공유의 정신'은 이 플랫폼을 통해 자연스럽게 실현되었고, 이는 일부 공공 플랫폼이 하지 못했던 영역까지 '아이스크림S'가 일정 부분 대신해 수행하고 있다는 점에서도 의미가 깊다.

　교사 기반의 실증 사례는 에듀테크 서비스 도입 과정에서도 강력한 기반이 되었다. 국내 수많은 민간 기업이 제품을 만들기는 해도, 실제 교사들을 중심으로 실증을 거쳐 현장성과 교육적 효과를 검증하는 사례는 드물었다. 하지만 이곳에서는 달랐다. 수많은 교사가 직접 의견을 주고, 자발적으로 테스트에 참여하며, 현장의 경험을 토대로 실효성 있는 기능 개선이 이뤄졌다. 그 결과는 수업에 바로 반영되었고, 콘텐츠의 완성도는 교사의 목소리만큼이나 생생해졌다.

　교사들의 콘텐츠 제작 참여는 단지 수업 도구를 만드는 수준을 넘어, 새로운 전문성의 확장으로 이어졌다. 실제로 아이스크림미디어의 플랫폼을 기반으로 콘텐츠를 제작한 교사들은 그 결과물을 전국의 수많은 교사들과 공유하게 되었고, 이는 자연스럽게 동료 교사들 사이에서 인플루언서로 자리매김하는 계기가 되었다.

이러한 변화는 개인의 활동 영역을 확장시키는 동시에, 다른 교사들에게도 강한 동기 부여가 되었다. '나도 참여할 수 있다', '나의 경험이 누군가에게 도움이 될 수 있다'는 인식이 확산되었고, 이는 다시 새로운 참여자를 불러들이는 긍정적인 순환 구조를 만들었다. 자발성과 연결, 그리고 성장이 맞물리며 에듀테크 플랫폼은 단순한 기술 기반을 넘어 교사 커뮤니티의 생태계로 진화해갔다.

또한, 교사의 아이디어를 바탕으로 교사 연수 프로그램을 기획하거나, 교사의 경험을 토대로 교구와 교재 등을 제작하는 사례도 적지 않았다. 이러한 시도는 교육 현장을 실질적으로 지원하는 동시에, 아이디어를 제공한 교사와 기업 모두에게 이익이 되는 구조를 만들어냈다. 단순히 콘텐츠 수요자에 머무르지 않고, 교육 생태계의 창의적 설계자로서 교사의 역할이 더욱 확대되었던 것이다.

물론 민간 기업인 이상 수익성과 지속 가능성이라는 숙제도 있었다. 하지만 그 안에서도 '교육의 본질'을 잃지 않으려는 노력이 분명히 존재했다. 콘텐츠 하나를 설계할 때에도 '이게 수업 시간에 정말 쓸모 있는가'를 기준으로 판단했고, 그 결과는 교실에서의 반응으로 증명되었다.

비용이 들어가면서도 직접적인 수익이 발생하지 않는 상황에서도 교사들이 꾸준히 플랫폼을 방문하고 콘텐츠를 활용하는 모습은 그 자체로 의미 있는 지표였다. 이는 단순한 서비스 제공을 넘어 별도의 비즈니스로 확장 가능한 핵심 플랫폼의 역할을 강화하는 계기가 되었다. 교사들과의 신뢰를 바탕으로 구축된 이러한 구조는 결과적으로 회사 전체 비즈니스의 기반이자 성장 동력으로 작용했다.

아이스크림미디어에서의 시간은 나에게 교육의 본질을 다시 묻는 시간이기도 했다. 공공이 철학과 시스템을 제공한다면, 민간은 창의성과 실행력을 제공한다. 그리고 그 사이 어딘가에서 우리는 교육의 길을 만들어가야 한다. 여기서 내린 결론은 분명했다. "콘텐츠는 혼자 만들 수 없다. 콘텐츠는 함께 만든 결과물이자, 함께 사용하는 사람들에 의해 완성되는 것이다."

그날 이후, 이 문장을 자주 되새긴다. 교육은 결코 혼자서는 만들어질 수 없다. 콘텐츠도 마찬가지다. 교육의 진짜 진화는 연결과 협업에서 시작된다.

13
교실에서 만나는 AI, 교사는 사라지지 않는다

"AI 디지털교과서와 교사의 협력은 교육을 미래로 이끈다"

아이스크림미디어는 '학습 피드백'에 몰입하고 있다. 콘텐츠 중심이던 에듀테크의 초창기를 지나, 교육의 관심은 어느새 "학생을 어떻게 이해할 것인가, 어떻게 도울 것인가"라는 질문으로 옮겨가 있었다. 우리는 단지 학습 자료를 더 많이, 더 정밀하게 제공하는 데서 그치지 않고, 학생 한 명 한 명의 학습 여정을 읽어내는 기술을 만들어가고 있었다.

AI는 교사를 대신하지 않는다. AI는 교사를 도와준다. 이 말은 단순한 기술 철학이 아니라, 지난 몇 년간 우리가 현장에서 체감하며 지켜온 교육 기술의 방향이자 신념이었다. 그리고 이 믿음을 가장 깊이 실천할 수 있었던 현장으로 'AI 디지털교과서AIDT'

를 떠올린다. 교육은 더 이상 지식을 전달하는 일방적 과정이 아니다. 학생의 이해, 학습의 속도, 개별적인 고민을 이해하고 지원하는 일이 핵심이다.

AI는 이 과정을 더욱 정교하고 효과적으로 만들어주는 도구로 자리 잡고 있다. AI가 교실에 도입되기 전까지 교사는 수업 중 학생들의 표정, 질문, 반응을 통해 학습 상태를 파악했다. 그러나 이는 교사의 직관과 경험에 크게 의존했다. 학생이 어떤 개념에서 막히는지, 이해 속도가 빠른지 느린지, 오답을 반복하는 이유가 무엇인지 명확히 파악하기 어려웠다. 모든 것을 교사의 눈과 감각에 맡기기에는 한계가 있었다.

AI 기반 피드백 시스템은 이러한 한계를 뛰어넘었다. 단순한 정·오답 기록을 넘어 문항 유형, 풀이 시간, 오답 경향, 선택지 패턴 등 다층적인 데이터를 실시간으로 분석해 교사에게 제공한다. 교사는 이 데이터를 통해 학생 개개인의 학습 패턴을 빠르게 파악할 수 있다. 단순히 점수나 등급으로는 확인할 수 없는 이해의 깊이, 학습 속도, 약점까지도 명확히 드러난다.

이 시스템은 교사의 언어를 바꾸어놓았다. 이전에는 학생의 학습 상태를 느낌이나 경험에 의존해 추측했다면, 이제는 데이터 기반의 통찰을 바탕으로 학생과 대화할 수 있다. "이 단원에서 자꾸 어려움을 겪고 있구나. 이 개념은 이렇게 생각해보면 어떨까?"라는 말은 더 이상 막연하지 않다. AI가 제시하는 데이터는 교사의 언어에 신뢰성을 더한다. 학생들은 자신의 학습 경로를 데이터로 직접 확인하며, 스스로 학습을 이해하고 주도할 수 있게 된다.

특히 인상 깊었던 변화는 '조용한 아이들'이 주목받기 시작했다는 점이다. 수업 시간에 눈에 잘 띄지 않던 학생들이 AI 데이터를 통해 그들의 가능성을 드러냈다. 말은 적지만 고난도 문제에서 높은 정답률을 보이는 학생, 속도는 느리지만 꾸준히 성취도를 유지하는 학생. 이들은 AI가 제공하는 데이터에서 존재감을 드러내기 시작했다. 교사는 이 학생들을 발견하고, 그들의 강점을 더 깊이 이해할 수 있었다.

AI는 교사의 자리를 침범하지 않는다. 오히려 교사의 '해석 능력'을 확장시키고, 수업의 질을 한 단계 높여준다. 우리는 AI 디지털교과서를 설계하면서 언제나 중요한 질문을 던졌다. "데이터는 누구의 것인가?" "해석은 누구의 몫인가?" 결론은 명확했다. 데이터는 학생의 것이며, 해석은 교사의 몫이다. 기술은 도구이고, 교사는 그 도구를 통해 학생을 더 잘 이해하는 주체다.

교사와 AI의 협력은 수업의 흐름을 유연하게 만든다. 중위권 학생들이 반복적으로 어려움을 겪는 개념을 빠르게 파악하고, 해당 단원에서 보충 수업을 진행할 수 있다. 정서적으로 위축된 학생의 반응을 조기에 감지하여 상담을 통해 학습 지속력을 높일 수 있다. 데이터는 진단을 넘어 대화의 시작점을 제공하며, 교사는 이를 통해 학생의 성장을 더욱 정교하게 지원할 수 있다.

그러나 AI는 단지 효율을 위한 도구가 아니다. 교육의 본질은 지식 전달이 아니라 이해를 돕는 일이며, 이는 교사와 학생의 상호작용에서 시작된다. AI는 이 상호작용을 풍성하게 만들지만, 결코 그 자체로 교육이 될 수는 없다. AI가 제시하는 데이터는 교사의 판단을 보완할 뿐이며, 학생의 성장은 여전히 교사와 학생 간의 진솔한 대화에서 이루어진다.

AI가 교실에 도입되면서 새로운 도전도 생겨났다. 가장 큰 문제는 '데이터의 윤리적 사용'이다. 학생의 학습 데이터가 상업적으로 이용되거나 평가 도구로만 쓰이는 위험이 있다. 우리는 이러한 문제를 막기 위해 철저한 비식별화, 데이터 수집 범위와 목적의 명확한 공유를 원칙으로 삼았다. 데이터는 학생의 성장을 돕기 위한 것이지, 평가하거나 분류하는 도구로 악용되어서는 안 된다.

미래의 교육에서 AI는 더욱 중요한 역할을 하겠지만, 기술이 발전할수록 교사의 역할은 오히려 더 중요해진다. AI가 제공하는 데이터는 무색무취의 정보일 뿐, 이를 통해 학생을 이해하고 지원하는 것은 교사의 따뜻한 시선과 진심이다.

앞으로의 교육은 AI를 사용할 것이냐 말 것이냐의 문제가 아니다. 어떻게 사용할 것인가, 누구를 위해 사용할 것인가에 대한 질문이다. 교사는 AI를 통해 학생의 학습 여정을 깊이 이해하고, 학생은 AI를 통해 자신의 학습을 주도적으로 관리할 수 있다. 그러나 그 과정에서 AI는 교사의 통찰을 대체할 수 없다. AI는 교사의 조력자이며, 교육의 주체는 언제나 사람이다.

AI가 아무리 정교해도 공감과 창의성, 윤리적 판단은 기술이 대신할 수 없는 영역이다. 학생이 좌절할 때 손을 내밀어주고, 성장을 격려하며, 스스로 생각하고 질문할 수 있도록 이끄는 것은 교사의 몫이다. AI는 교사의 손을 잡고 그 길을 넓혀줄 수 있지만, 그 길을 함께 걷는 것은 언제나 교사와 학생이다.

AI 디지털교과서는 여전히 진화 중이다. 학생의 이해도를 시각화하고, 문항 추천 알고리즘을 통해 가장 적절한 학습 콘텐츠를 제시하며, 교사에게는 수업 설계와 보충 지도를 위한 데이터 대시보드를 제공한다. 그러나 기술의 진화가 곧 교육의 진화는 아니다. 기술은 도구이며, 교육의 본질은 사람 사이의 상호작용에서 나온다.

AI는 교사를 도와준다. 그러나 교사의 진심, 학생의 성장, 그 사이의 인간적인 연결이 없다면 AI는 단지 차가운 코드에 불과하다. 교육의 미래는 AI를 사용하는 것이 아니라, AI를 통해 더 깊고 인간적인 교육을 만드는 데 있다.

   AI는 사람을 위한 기술이다. 교실을 위한 혁신이다. 그러나 교육의 주체는 언제나 사람이다. 그리고 그 중심에는 언제나 교사와 학생이 있다.

제5대 KERIS(한국교육학술정보원) 원장 취임식(2008. 06)

제6대 EBS(한국교육방송공사) 사장 취임식(2009. 10)

이러닝 국제박람회(2008. 09)

미얀마 MRTV 4 방송국과 콘텐츠 판매 및 상호 협력을 위한 MOU 체결(2011. 11)

한국장학재단 및 러시아 블라디보스톡 방송국 등 다양한 기관들과 MOU 체결(2012)

스마트러닝포럼세미나(2012. 07)

교육정보기술 국제표준화(ISO/IEC JTC1 SC36) 회의 장면

아이스크림미디어 박기석 회장님과 함께

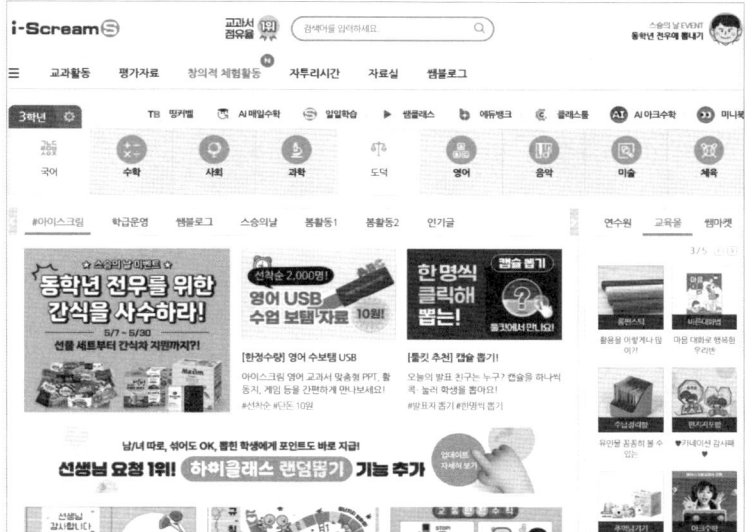

아이스크림S 홈페이지

Wisdom from Work

함께하는 힘

"팀보다 위대한 선수는 없다"

#04 혼자 하는 일은 한계가 있다

어떤 일이든, 처음엔 혼자 하는 것처럼 느껴진다. 하지만 조금만 지나면 알게 된다. 일이라는 건 결국, 사람과 함께 풀어가는 구조라는 것을. 처음에는 혼자만 열심히 하면 될 줄 알았는데, 곧 옆 사람의 일정, 상사의 피드백, 고객의 요구가 나의 일이 된다는 걸 경험한다. 이쯤 되면 깨닫는다. "일은 결국 관계 안에서 완성된다."

교육 현장에서 그걸 제일 먼저 배운 건 방송대에서였다. 프로그램 코딩만 잘하면 될 줄 알았다. 그런데 수강신청을 입력하던 직원이 입력값을 실수로 바꾸면서 시스템 전체가 오류를 일으켰다. 학생의 성적이 잘못 출력됐고, 행정팀과 교수 사이의 신뢰가 흔들렸다. 나 혼자 만든 코드였지만, 결과는 여러 사람에게 영향을 주었다. 혼자 만든 코드가 혼자만의 일이 아니었던 것이다.

손자들에게 이야기한다. "일은 늘 사람에게로 이어진단다. 네가 어떤 일을 하든, 결국엔 사람에게 닿게 되어 있단다." 이 말은 단지 따뜻한 조언이 아니라, 오랜 실무 경험에서 나온 말이다. 일을 잘하기 위해서는 사람을 잘 봐야 한다. 사람을 보면 흐름이 보이고, 흐름이 보이면 일이 보인다.

함께 일한다는 건 단순히 '도와주는 것'이 아니다. 협업이란 흐름에 맞추는 것이고, 상대의 리듬에 맞춰 조율하는 기술이다. 보고를 언제 하면 좋을지, 어떤 말투로 이메일을 써야 할지, 회의에서 누구의 말을 먼저 세워줘야 할지를 감각적으로 파악하는 것이 '일을 아는 사람'의 특징이다. 그건 센스라기보단 존중에서 비롯된 배려다. 그리고 그 배려는 시간이 지날수록 팀의 신뢰로 바뀐다.

많은 사람이 '혼자 잘하는 법'은 익히면서, '함께 잘하는 법'은 미처 배우지 못한 채 사회에 나오는 걸 보았다. 그리고 그런 사람들은 조직 안에서 일정한 한계에 부딪히곤 했다. 일을 잘하는 것과 함께 일할 수 있는 사람이라는 평판을 얻는 것은 전혀 다른 문제다. 일 잘한다는 평가보다 '같이 일하면 편하다'는 평판이 훨씬 오래간다.

진짜 중요한 건 당신이 누구에게 기대고 있느냐가 아니라 누가 당신에게 기대고 있는가다. 일이 많을수록, 복잡할수록,

사람을 중심에 놓는 태도가 중요하다. 일은 절대 혼자서 완성되지 않는다. 혼자 해낸 일도, 결국은 누군가의 조력 위에 서 있다.

그래서 나는 이렇게 말하고 싶다. "함께하면 늦어 보일 수 있다. 그러나 진짜 중요한 일은 늘 함께할 때 완성된다." 그러면 일이 보이고, 사람이 보이고, 당신이 해야 할 역할도 보일 것이다.

#05 함께할 수 있는 방법을 고민하라

어느 순간부터 일이 무겁게 느껴지기 시작했다면, 그건 아마도 혼자서 모든 것을 짊어지고 있기 때문일 것이다. 책임감 있는 사람일수록, 주변에 폐를 끼치고 싶지 않아 묵묵히 감당하려 한다. 그런데 이상하게도, 그런 사람일수록 지치고 고립된다. 도와줄 사람이 없어서가 아니라, 스스로 도움을 요청하지 않기 때문이다.

일을 오래 하며 배운 사실 하나는 이렇다. 도움을 요청하는 능력도 일의 실력이라는 것. 함께할 수 있는 구조를 만드는 것도 실력이고, 협업을 제안하는 것도 전략이다.

함께한다는 건 누군가를 불러 세우는 것이 아니라, 함께할 수 있도록 나를 열어두는 것에서 시작된다. 의논할 시간을 확보하고, 설명할 말을 준비하고, 상대가 주도할 여지를 마련해 두는 것. 그것은 단순히 팀워크를 위한 매뉴얼이 아니라, 일의 확장을 위한 도구다. 결국 '함께하는 일'은 단순 분담이 아니라 사고의 공유다.

한때 나는 시스템 하나를 기획하면서 혼자 머릿속으로 다 완성해놓고 사람들을 불렀다. 그런데 모두가 고개를 갸웃했다. "이건 왜 이렇게 했나요?" 나는 설명했다. "이 방향이 맞다고 생각했습니다." 하지만 그건 나 혼자만의 정답이었고, 실제로 돌아가는 정답은 아니었다.

그때부터 달라졌다. 기획 초기부터 사람들을 불렀다. 그림을 그리기 전에 먼저 맥락을 공유했고, 설계 도중에도 피드백을 주고받았다. 그러자 시간이 더 걸릴 줄 알았던 일이 훨씬 빠르게 정리됐다. '함께한다'는 건 단순히 일을 나누는 것이 아니라, 관점을 넓히고 완성도를 높이는 일이라는 걸 그제야 깨달았다.'

후배들에게 말하곤 한다.

"함께할 수 있는 방법을 고민해봐. 혼자 하려 하지 말고."

그건 책임을 회피하라는 말이 아니다. 오히려 더 책임감 있는 태도이고, 더 좋은 결과를 위한 길이다.

일은 언제나 '무엇을 했는가'보다 '어떻게 함께했는가'가 더 오래 기억된다. 결국, 함께 일한 경험은 사람이 남고, 그 사람이 다시 새로운 기회를 만든다. 성과보다 사람이 오래간다. 그리고 그 사람과 다시 시작하는 일이 생긴다. 그래서 나는 오늘도 묻는다.

"이 일은 누구와 함께 풀 수 있을까?"

#06 관계 안에서 일이 완성된다

일은 늘 논리로 시작되지만, 결국 감정으로 마무리된다. 논리로만 완성된 일은 얼핏 보기엔 단단해 보이지만, 작은 충돌에도 쉽게 금이 간다. 반대로, 관계 안에서 조율된 일은 시간이 걸려도 오래간다. 왜냐하면 사람이 납득하고, 마음이 수긍하는 일이기 때문이다.

수많은 프로젝트에서 '논리적 정답'보다 '관계의 온도'가 성패를 가르는 장면을 보았다. 문서도 완벽하고, 발표도 매끄러웠는데, 단 한 사람의 감정이 무너지면서 전체가 흔들린 경우. 아무리 훌륭한 아이디어라도, 그것이 관계를 망가뜨리면서까지 추진된다면 결국 지속되지 못한다.

교육 행정도, 시스템 개발도 마찬가지였다. 기획 초기엔 기획서와 일정이 전부인 것처럼 보였다.

하지만 실제로 일이 굴러가기 위해선, 신뢰와 존중이 섬세하게 연결되어야 했다.

한번은 콘텐츠 개발을 담당하신 교수님이 예정보다 훨씬 늦게 원고를 넘겨주셨다. 계약 위반이었다. 처음엔 화가 났지만, 곧 깨달았다. 그분은 오랜 시간 교육 현장에 몸담아오신 분이었고, 기술적 작업보다 '교육의 완성도'를 더 중시하시는 분이었다. 나는 그다음부터는 계약보다 먼저 관계를 설계했다.

"이 프로젝트에서 교수님께 가장 중요하게 느껴지는 지점은 무엇인가요?"

그 질문 하나가 일의 흐름과 결과를 바꿨다. 우리는 종종 관계를 감정적인 영역으로만 생각한다. 하지만 관계는 감정이 아니라 작업을 가능하게 만드는 조건이다. 신뢰가 있어야 정보를 주고받고, 존중이 있어야 피드백이 오간다. 관계는 곧 시스템이고, 협업의 인프라다. 그래서 나는 오늘도 말한다.

"사람을 남기면 일이 남고, 사람을 잃으면 일도 잃는다."

이 말은 거창한 격언이 아니라, 하루하루의 업무에서 체득한 실무의 교훈이다. 일을 잘하려면 결국, 사람을 잘 바라봐야 한다. 그 사람의 속도, 언어, 리듬, 맥락을 느끼는 감각. 그 감각이 바로, 관계 안에서 일을 완성하는 힘이다.

PART
3

다음 선을 그리다

교육의 미래를 설계하다

14

코로나19, 대전환을 가져오다

◆

"코로나19는 교사와 기술, 그리고 배움을 연결했다"

2020년 초, 세상은 마치 멈춰 선 듯했다. 도시는 한순간에 숨을 죽였고, 거리에는 적막만이 감돌았다. 학교는 굳게 문을 닫았고, 교실은 텅 빈 채 고요 속에 잠겼다. 강당의 의자에는 먼지가 쌓여갔고, 칠판은 마지막 수업의 흔적을 고스란히 품은 채 침묵을 지켰다. 운동장을 가득 메우던 학생들의 웃음소리도, 교사의 따뜻한 목소리도 자취를 감췄다. 교육은 마치 멈춰버린 시간 속에 갇힌 듯했다.

그러나 교육은 멈추지 않았다. 세계가 멈춘 것처럼 보였지만, 보이지 않는 곳에서는 거대한 변화의 물결이 일고 있었다. 인터넷 선을 타고 교실이 가정으로 이어졌고, 교사는 카메라 앞에 서서 홀로 강의를 시작했다. 학생들은 책가방 대신 컴퓨터를 열었고, 책상 앞이 아닌 방 안에서 수업을 들었다. 세계는 멈춘 듯했으나, 교육은 오히려 더 넓게 퍼져나가고 있었다. 기술은 더 빠르게 진화했고, 사람들은 그 변화에 적응했다.

대한민국은 이러한 변화의 최전선에 있었다. 초고속 인터넷 인프라, 탄탄한 이러닝 경험을 바탕으로 신속히 원격 교육 체계를 구축했다. 학교는 문을 닫았지만, EBS 온라인클래스가 열렸다. 초등학생부터 고등학생까지 수백만 명의 학생이 온라인으로 접속했다. 교사는 교실 대신 컴퓨터 앞에 앉아 카메라를 응시했고, 학생들은 책상 대신 컴퓨터 화면을 바라보며 수업을 들었다. 교육청의 학습관리시스템^{LMS}은 실시간 출석 확인과 과제 제출을 가능하게 했고, 아이스크림미디어의 '아이스크림S'와 같은 민간 기업의 서비스는 어린 학생들에게도 디지털 학습의 문을 열어주었다.

그러나 그 변화는 결코 순탄하지 않았다. 줌^{Zoom}, 팀즈^{Teams}, 미트^{Meet}와 같은 화상회의 도구가 급격히 도입되었지만, 이는 기술적·교육적 문제를 드러냈다. 교사는 익숙하지 않은 플랫폼에서 수업을 운영해야 했고, 학생들은 카메라 너머로 수업에 집중하기 어려워했다. 부모들은 자녀의 온라인 학습을 지원하며 직장 생활과 교육 지원을 동시에 감당해야 했다. 저소득 가정의 학생들은 기기와 인터넷 접근성 부족으로 소외되었고, 이는 디지털 교육 격차를 더욱 심화시켰다.

기술적 문제는 예상보다 심각했다. 온라인 수업 초반에는 서버가 마비되거나, 접속 지연으로 수업이 중단되기 일쑤였다. 학교마다 네트워크 환경이 다르고, 교사의 디지털 역량도 천차만별이었다. 수업 자료를 어떻게 공유할지, 학생의 참여를 어떻게 유도할지, 평가를 어떻게 진행할지에 대한 지침은 부족했다. 처음에는 단순히 대면 수업을 온라인으로 옮긴 형태였지만, 곧 그 한계가 명확히 드러났다.

그러나 위기는 곧 기회로 바뀌었다. 대한민국은 빠르게 대응했다. 교육부는 교사 대상 디지털 교육 역량 강화를 위한 연수를 확대했고, EBS는 학생들에게 무료로 학습 콘텐츠를 제공했다. 각 시·도 교육청은 저소득 가정 학생들에게 스마트기기와 인터넷 지원을 제공했고, 기업들도 학습관리시스템LMS과 콘텐츠를 무상으로 지원하며 협력했다.

하지만 기술 문제가 해결된다고 해서 모든 것이 해결된 것은 아니었다. 교사들은 카메라 앞에서 혼자 강의하는 것에 익숙지 않았다. 학생들의 반응을 직접 확인할 수 없었고, 교실에서의 활발한 상호작용은 사라졌다. 학생들은 수업 중 질문할 타이밍을 잡기 어려워했고, 친구들과의 교류가 줄어들며 정서적 고립을 경험했다. 학습 집중도는 떨어지고 교사는 학생의 이해도를 파악하기 어려웠다.

이에 따라 원격 교육의 문제점을 보완하기 위한 '블렌디드 러닝Blended Learning' 모델이 빠르게 확산되었다. 교실 수업과 온라인 수업을 병행하는 방식으로, 학생들은 필요한 경우 교실에서 직접 수업을 듣고, 온라인에서는 복습하거나 추가 학습을 진행할 수 있었다. 이는 단순히 대면 수업을 온라인으로 옮기는 것을 넘어, 학습의 본질을 다시 생각하게 만들었다. 학생들은 스스로 학습 목표를 설정하고, 필요한 자료를 찾아 공부하는 자율성을 키울 수 있었다.

코로나19는 전통적인 교육 패러다임을 송두리째 뒤흔들었다. 교사와 학생, 학부모는 모두 새로운 학습 환경에 적응해야 했다. 학생들은 디지털 도구를 통해 학습 자료를 탐색하고, 교사들은 화면을 통해 학생들의 눈을 마주하며 수업을 이어갔다. 부모들은 자녀의 학습을 지원하며 또 다른 교사의 역할을 맡았다. 그러나 그 속에서 교육은 더 넓어지고, 더 깊어졌다.

원격 교육(사이버교육, 온라인 교육)은 일시적인 대체재가 아니었다. 그것은 새로운 교육의 핵심으로 자리 잡았다. 기술은 교육의 한계를 넘어서는 새로운 기회를 제공했다. AI 디지털교과서AIDT, AI 기반 학습 플랫폼, 메타버스 교육 공간 등 다양한 형태의 디지털 학습이 도입되는 계기가 되었다. 학생들은 자신의 학습 데이터를 분석하며 자기 주도 학습 능력을 키웠고, 교사는 AI가 제공하는 학습 분석을 바탕으로 학생의 이해도를 더 깊이 파악할 수 있었다.

코로나19는 교육의 위기였지만, 동시에 교육의 미래를 앞당긴 기회이기도 했다. 세계가 멈춘 것 같았지만, 교육은 오히려 더 넓게, 더 깊게 확장되었다. 기술은 교사의 역할을 대체하는 것이 아니라, 교사를 돕고 학생의 성장을 지원하는 도구로 자리 잡았다. 그리고 이러한 변화는 앞으로도 계속될 것이다.

교육은 더 이상 교실에만 머무르지 않는다. 기술은 교실의 경계를 허물었고, 학생들은 집에서도, 심지어 다른 나라에서도 동일한 수업을 들을 수 있게 되었다. 그러나 그 중심에는 여전히 교사와 학생이 있다. 기술은 그들을 연결할 뿐, 배움은 언제나 사람과 사람 사이에서 일어난다.

코로나19 팬데믹은 교육의 모습을 완전히 바꾸었다. 그러나 교육의 본질은 변하지 않았다. 학생들은 여전히 질문을 던지고 답을 찾으며 성장한다. 교사는 그 여정의 안내자이자 동반자다. 그리고 기술은 그 여정을 더욱 풍성하게 만들어줄 뿐이다.

15
교육의 본질은 질문이다

"기술은 바뀌어도, 사람을 여는 열쇠는 질문이다"

우리가 스마트러닝을 이야기하던 시절은 불과 몇 년 전이었다. 그러나 이제는 인공지능, 챗봇, 메타버스, 생성형 AI까지 교육 현장을 변화시키고 있다. 기술은 속도를 줄이지 않는다. 그러나 기술이 아무리 발전하더라도, 되묻게 된다. 교육의 본질은 무엇인가?

교육은 지식을 전달하는 행위가 아니다. 교육은 질문을 던지고, 질문을 탐색하며, 그 과정에서 스스로의 세계를 확장해나가는 것이다. 수업은 정답을 가르치는 자리가 아니라, 생각할 수 있도록 이끄는 공간이어야 한다.

기술은 그 과정에서 매우 유용한 도구가 될 수 있다. 다양한 정보에 접근하고, 시뮬레이션하고, 상호작용하는 과정을 통해 배움은 확장된다. 그러나 기술이 질문은 없이 답만 제공한다면, 그것은 교육이 아니라 소비다. 우려하는 것은 '빠르고 편리한 학습'이라는 이름으로 질문의 기회를 빼앗는 일이다.

기술은 교육의 경계를 넓혀준다. 그러나 그 경계 안을 채우는 것은 여전히 사람이다. 교사의 한마디, 친구의 시선, 칠판에 남은 질문 하나, 이것들이 모여 배움이 된다. 아무리 AI가 발달해도 인간의 눈빛과 맥락, 정서와 공감은 대체되지 않는다.

성경을 제외하고 단 한 권의 책만 읽을 수 있다면 주저 없이 『탈무드』를 선택할 것이다. 유대인들은 어린 시절부터 탈무드를 통해 질문하고 토론하는 교육을 받아왔다. 탈무드는 정답보다는 질문을 중시하며, '하브루타'라는 짝 토론 방식을 통해 비판적 사고, 창의력, 그리고 자기 주도적 학습 능력을 키운다. 하나의 사례를 보자. 어떤 랍비가 제자에게 "가장 중요한 질문은 무엇이냐?"고 묻자, 제자는 "질문을 멈추지 않는 것입니다"라고 답한다.

이는 질문 자체가 학문의 시작이며, 진리를 향한 탐구의 길임을 상징한다. 랍비와 제자의 일화처럼, 질문을 멈추지 않는 태도는 배움의 핵심으로 여겨진다. 이처럼 탈무드는 유대인의 사고력 중심 교육의 뿌리이자, 오늘날에도 창의적 인재를 기르는 중요한 자산으로 작용한다. 학생 중심의 질문 유도형 수업은 창의력과 자율성을 키우는 핵심이며, 탈무드적 사고 훈련은 AI 시대의 핵심 역량을 키우기 위해 필수적이라 보는바, 우리의 교육에도 보다 적극적으로 적용할 필요가 있다.

이스라엘의 한 학교에서 진행되는 강의 영상을 보고, 그 현장을 꼭 한번 방문하고 싶어졌다. 수업 내내 선생님은 "마타호세프? 마타호세프?"라고 반복해서 물었는데, 이는 히브리어로 "넌 어떻게 생각하니?"라는 뜻이다. 모든 학생이 질문에 답하도록 이끄는 그 문화는 나에게 큰 충격이었다.

더욱 인상 깊었던 것은 이스라엘의 부모들이 자녀에게 "오늘 수업에서 어떤 질문을 했니?"라고 묻는다는 사실이었다.

우리는 늘 질문을 조심하라고 배우며 자랐다. 그러나 이스라엘에서는 질문이 곧 교육의 출발점이었다. 그 순간 깨달았다. 교육이 가장 먼저 해야 할 일은 바로 '질문이 살아 있는 문화'를 만드는 것이라는 사실을.

특히 AI 시대에는 질문할 줄 아는 사람이 더 많이 배우고, 더 깊이 사고하며, 더 나은 답에 도달한다. 요즘 '프롬프트 엔지니어링Prompt Engineering'이 중요해지는 것도 같은 이유다. AI로부터 더 정확하고 유용한 답을 얻기 위해서는 정교하고 의미 있는 질문을 던지는 능력이 필수적이기 때문이다.

변하지 않는 본질을 붙잡고 있어야 변화의 시대에도 흔들리지 않는다. 기술은 끊임없이 바뀌지만, 교육은 결국 사람의 마음을 여는 일이다. 그리고 그 시작은 언제나 '질문'이다.

그래서 우리는 다시 교사에게 주목해야 한다. 기술이 아무리 정교해져도, 진짜 배움은 사람과 사람 사이에서 일어난다. 교사는 단순한 지식 전달자가 아니라, 학생 안의 질문을 끌어내고 그 질문과 함께 걸어가는 동반자다. AI는 교사에게 더 많은 도구를 제공하지만, 교사의 존재 이유를 대신할 수는 없다.

앞으로의 교육은 기술과 인간의 조화 속에서 새로운 길을 모색해야 한다. 질문이 살아 있는 교실, 서로의 생각이 부딪치며 성장하는 수업, 그리고 정답보다 탐색이 존중받는 배움의 문화가 그 출발점이다. 변화는 불가피하지만, 본질은 선택의 문제다. 우리 교육이 나아가야 할 방향은 분명하다. 기술에 기대더라도, 교육의 심장은 '사람'이며, 그 사람을 움직이는 힘은 언제나 '질문'이다.

한 사람의 수준은 그의 대답 능력이 아니라 질문 능력에 달려 있다는 말이 있다. 이는 단순한 철학적 명제가 아니라, 오늘날 교육 현장에서 점점 더 중요한 원칙으로 자리 잡고 있다. 프랑스 철학자 몽테뉴는 이미 16세기에 "질문할 줄 아는 사람이야말로 현명한 사람이다"라고 말했다. 그의 통찰은 21세기 인공지능AI 시대에 더욱 깊은 의미를 가진다. 왜냐하면 이제는 지식의 양이나 정확한 답변이 아니라, 올바른 질문을 던질 수 있는 능력이 진정한 지성의 기준이 되고 있기 때문이다.

AI가 확산되고 있는 오늘날, 답변은 더 이상 희소하지 않다. 검색 엔진에 질문을 입력하면 수백만 개의 답변이 즉시 제공된다. 챗봇은 사용자 질문에 맞춰 실시간으로 답변을 생성하며, AI 기반 지식 시스템은 복잡한 문제도 빠르게 해결해준다. 그러나 아이러니하게도 이러한 환경에서 '질문 능력'의 가치가 더 중요해지고 있다. 답변은 손쉽게 얻을 수 있지만, 진정한 문제를 이해하고 올바른 질문을 던지는 것은 여전히 인간의 몫이다.

교육 현장에서 질문은 단순히 학생들이 교사에게 던지는 것에 그치지 않는다. 진정한 교육은 교사 스스로가 질문을 던지고, 학생들에게 질문하는 법을 가르치는 데서 시작된다. 여기서 중요한 것은 두 가지다. 첫째, 질문을 구조화하는 능력이다. 질문은 단순히 호기심에서 나오는 것이 아니라, 체계적이고 논리적으로 구성되어야 한다. 가르치는 사람은 질문을 통해 학생들이 문제를 탐구하고, 사고를 확장하며, 새로운 통찰을 얻을 수 있도록 유도할 수 있어야 한다.

예를 들어, "지구는 왜 둥글까?"라는 질문은 단순한 사실 확인에 그칠 수 있다. 그러나 "지구가 둥글다면, 그로 인해 발생하는 현상은 무엇일까?"라는 질문은 학생들의 사고를 확장시킬 수 있다. "지구가 둥글지 않았다면, 우리는 어떤 환경에서 살았을까?"라는 질문은 상상력과 창의성을 자극한다. 좋은 질문은 학생들을 생각하게 만들고, 스스로 답을 찾도록 이끄는 힘을 가진다.

둘째, 질문을 허용하는 문화를 만들어야 한다. 질문을 잘하는 것은 단순히 개인의 능력 문제가 아니다. 질문할 수 있는 환경, 질문을 환영하고 존중하는 문화가 중요하다. 많은 교실에서 학생들은 질문하는 것을 두려워한다. 틀린 질문을 할까 봐, 혹은 자신의 무지를 드러낼까 봐 주저한다. 하지만 질문은 무지가 아니라 지식을 향한 첫걸음이다. 교사는 학생들에게 "질문하는 것이 부끄러운 것이 아니다"라는 메시지를 끊임없이 전달해야 한다.

특히 교사는 학생들이 잘못된 질문을 하더라도 그것을 논의하고, 더 나은 질문으로 발전시킬 수 있도록 도와야 한다. "그건 좋은 질문이야. 그런데 이렇게 생각해보면 어떨까?"라는 반응은 학생들에게 질문에 대한 자신감을 심어준다. 이 과정에서 학생들은 자신이 단순히 지식을 전달받는 수동적인 존재가 아니라, 지식을 탐구하고 창조하는 주체임을 깨닫게 된다.

AI 시대, 질문 능력은 개인의 지적 수준을 평가하는 핵심 기준이 된다. 그러나 이 능력은 저절로 생기지 않는다. 가르치는 사람의 질문 구조화 능력, 질문을 환영하는 교실 문화, 그리고 질문을 통해 사고를 확장하는 경험이 어우러져야 한다.

  질문은 생각을 깨우고, 새로운 길을 열어준다. 질문할 줄 아는 사람은 이미 배움의 여정을 시작한 사람이다. 질문을 통해 세상을 이해하고, 자신을 발견하며, 문제를 해결할 수 있다. 그리고 우리는 교육을 통해 다음 세대가 좋은 질문을 던질 수 있는 능력을 기를 수 있도록 도와야 한다. 질문을 잘하는 사람은 답을 찾는 사람을 넘어 새로운 문제를 발견하는 사람이다.

16

디지털 격차를 줄이고
교육의 평등을 지향하다

◆

" 기술은 누구를 위한 것인가"

    기술이 빠르게 발전할수록, 한 가지 질문을 떠올리게 된다. "이 기술은 모두에게 이로운가?"

    에듀테크가 확산되며 전국의 교실은 스마트기기와 디지털 콘텐츠로 채워졌지만, 그 변화의 속도를 따라가지 못하는 이들도 분명히 존재했다. 농·산·어촌의 학생들, 기초생활수급 가정의 아이들, 특수교육 대상 학생들. 그들은 여전히 디지털이라는 문턱 앞에서 머뭇거리고 있었다.

    디지털 기술의 발전이 오히려 지역 간 교육 격차를 심화시키고 있다. 첨단 기술은 빠르게 발전하고 있으나, 그 혜택은 특정 지역에 집중되고 있으며, 특히 농·산·어촌과 저소득층 가정의 학생들은 여전히 디지털 교육에서 소외되고 있다. 이는 단순히 기기 보급의 문제를 넘어, 기술 접근성과 활용 능력의 격차로까지 이어진다.

대한민국은 세계 최고 수준의 초고속 인터넷 인프라를 갖추고 있지만, 실제 교육 현장에서는 여전히 심각한 지역 간 디지털 격차가 존재한다. 수도권이나 대도시의 학교들은 태블릿, 스마트보드, 온라인 학습 플랫폼 등을 비교적 원활하게 활용하고 있는 반면, 농·산·어촌이나 도서 벽지의 일부 학교는 여전히 느린 인터넷 속도와 불안정한 네트워크 환경에 시달리고 있다.

지금은 거의 해결되었지만, 초창기 한 농어촌 초등학교 교사는 "태블릿과 스마트보드는 보급됐지만, 수업 중에 인터넷이 자주 끊겨 수업 흐름이 끊긴다"며 답답함을 토로했다. 디지털 기기가 교육의 질을 높이기 위해 도입되었음에도 불구하고, 이러한 기술 인프라의 불균형은 오히려 학생들에게 스트레스를 주고 교사의 수업 운영에도 큰 걸림돌이 되고 있다.

이처럼 디지털 환경의 지역 간 격차는 단순한 기술 문제가 아니라, 교육 기회의 불평등으로 이어지는 구조적 문제다. '디지털 전환'이라는 교육정책이 실효성을 가지려면, 단순한 기기 보급을 넘어 지속적인 네트워크 인프라 구축, 현장 지원, 그리고 교사·학생의 디지털 역량 강화가 병행되어야 한다.

이러한 문제는 가정에서도 이어진다. 저소득층 가정의 학생들은 온라인 수업을 듣기 위해 스마트폰의 작은 화면에 의존하거나, 데이터 요금 부담 때문에 수업 영상을 중간에 끊어야 하는 상황에 놓인다. 와이파이가 없는 집에서 학습을 포기해야 했다는 한 학생의 이야기는 여전히 많은 가정에서 현실이다. 기술이 평등을 만든다고 하지만, 실제로는 새로운 디지털 격차를 낳고 있는 것이다.

문제는 여기서 끝나지 않는다. 디지털 기기를 다룰 수 있는 역량에서도 차이가 발생한다. 도심 학교의 교사들은 비교적 디지털 교수법에 익숙하며, 교육부나 기업에서 제공하는 연수 프로그램에 쉽게 접근할 수 있다. 그러나 농·산·어촌 학교의 교사들은 이러한 연수 기회를 얻기 어려워 새로운 기술 도입에 어려움을 겪는다. 결과적으로, 학생들은 단순히 기기와 네트워크 접근성뿐 아니라, 교사의 역량에 따라 학습 기회 자체가 달라지는 상황에 처한다.

한 농어촌 학교를 방문한 적이 있다. 교실에는 스마트보드가 있었고, 태블릿도 보급돼 있었지만, 인터넷 연결이 불안정해 수업이 자주 끊겼다. 교사는 "기기가 있어도 연결이 안 되면 무용지물"이라며 한숨을 쉬었다. 또 어떤 저소득층 학생은 집에 와이파이가 없어 학습을 포기해야 했다고 했다. 그 이야기를 듣고 큰 충격을 받았다. 기술이 평등을 만든다지만, 오히려 새로운 격차를 낳고 있는 것은 아닌가.

그래서 에듀테크를 공공재로 봐야 한다고 주장해왔다. 기술 그 자체보다는 그것을 얼마나 평등하게 제공하고 접근 가능하게 만들 수 있는지가 관건이다. 디지털 교육이 성공하려면 단말기 보급, 인터넷 인프라, 콘텐츠 접근성, 장애학생 지원 시스템 등이 함께 갖춰져야 한다.

즉, 디지털 포용Digital Inclusion을 고려해야 한다. 이것은 단순한 기술 보급이 아니라, 사회 전체가 함께 누릴 수 있는 환경을 조성하는 것을 의미한다. 단말기와 네트워크를 제공하는 데 그쳐서는 안 되며, 그것을 사용할 수 있는 역량과 동기를 함께 길러주는 정책이 병행되어야 한다. 교육 소외계층을 위한 디지털 리터러시 교육, 지역 거점 디지털 학습센터 구축, 부모와 교사를 위한 디지털 활용 연수 등이 함께 추진되어야 진정한 디지털 평등이 가능하다.

EBS 재직 시절, 우리는 '교육복지 우선 지원사업'과 연계해 디지털 콘텐츠를 무상 제공하고, 학습 멘토링 프로그램을 운영했다. 특히 코로나19 팬데믹 당시 원격 수업이 전국적으로 시행되면서 격차 해소의 중요성은 더욱 부각되었다. 공교육이 뒷받침되지 않으면, 기술은 오히려 차별의 도구가 될 수 있다는 것을 모두가 실감했다.

또한 에듀테크 기업에서도 '접근성'은 기술 개발의 기본 철학이 되어야 한다. 단순히 최신 기술을 자랑하는 것이 아니라, 모든 학생이 그 기술을 통해 배울 수 있어야 한다. 장애학생을 위한 음성 안내 기능, 저사양 기기에서도 작동하는 플랫폼 설계, 다양한 언어 지원 등은 선택이 아니라 필수다.

기억에 남는 이야기를 들은 적이 있다. 디지털 기기를 활용한 수업에서 시각장애 학생이 음성 안내 기능을 활용해 토론 수업에 참여했다고 한다. 담당 교사는 그날을 이렇게 표현했다. "기술이 그 아이에게 날개를 달아주었다." 바로 이것이 기술의 역할이다. 약자를 배려하고, 모두가 함께 배울 수 있는 길을 여는 것.

기술은 누구를 위한 것인가. 이 질문을 교육정책을 설계할 때마다, 콘텐츠를 만들 때마다 스스로에게 되묻는다. 에듀테크가 진정한 교육 혁신이 되기 위해서는 그 기술이 사회적 약자를 먼저 품을 수 있어야 한다. 교육은 모두를 위한 것이어야 하며, 기술도 그래야 한다.

교육 기술이 지향해야 할 방향은 단연코 '포용과 공존'이다. 누구도 배움에서 소외되지 않도록 하는 것이야말로 공교육의 본령이며, 기술도 그 가치를 구현하는 데 기여해야 한다. 앞으로의 에듀테크는 더 빠르고 화려한 기능보다, 더 넓고 따뜻한 접근을 고민해야 한다. 그리고 그 고민은 교육자, 정책가, 기술 개발자 모두의 몫이다. 결국 우리가 만드는 기술은 우리의 철학을 반영한다. 그리고 그 철학이 '모두를 위한 교육'이라면, 우리는 반드시 디지털 격차 없는 미래를 향해 나아갈 수 있다.

17

교사와 학생의 변화를
기술과 함께 만들다

"질문은 사람이 던지고 기술은 그 여정을 돕는다"

　에듀테크의 확산은 교사와 학생의 역할에도 조용하지만 확실한 변화를 가져왔다. 이제 교사는 지식을 전달하는 강의자가 아니라, 학생들이 지식을 탐색하고 의미를 발견할 수 있도록 돕는 '디자이너'로 거듭났다. 학생들은 수동적으로 듣는 존재에서 능동적으로 질문하고 탐구하는 '학습자'로 변모했다. 그리고 이 변화의 중심에는 기술이 있었다.

　수많은 교육 현장을 방문하며 이러한 변화를 실감했다. 교사는 이제 칠판이 아닌 태블릿을 손에 들고, 학생들에게 실시간으로 피드백을 제공한다. 수업 중 교사의 설명이 끝나기도 전에 학생들은 온라인 토론방에 의견을 올리며 활발히 토론을 시작한다. AI 튜터는 학생들의 질문에 즉각적으로 답변을 제공하며, 학습이 끝난 뒤에는 개인 맞춤형 학습 경로를 제시한다. 학생들은 더 이상 지식의 수용자가 아니라, 탐색자이자 창조자로 자리 잡고 있었다.

그러나 이러한 변화는 단순히 도구의 도입에서 끝나지 않았다. 진정한 변화는 '질문에 대한 태도'에서 비롯되었다. 질문을 중심에 둔 수업, 스스로 질문을 만들어내는 학습, 그리고 그 질문에 다양한 방식으로 접근할 수 있도록 도와주는 기술. 이것이 새로운 교실의 풍경이었다.

유튜브에 공개된 '질문하는 수업 사례' 영상은 중학교 수업을 중심으로 구성되어 있지만, 초등학교 수업에도 충분히 적용 가능한 아이디어를 담고 있다. 이 영상은 교사가 학생들의 질문을 중심에 두고 수업을 설계하고 운영하는 구체적인 방법을 실제 사례를 통해 제시한다.

기술은 이러한 과정을 더 풍부하게 만든다. 학생들은 태블릿을 통해 검색하며 질문에 대한 자료를 찾고, AI 튜터는 학생들의 질문에 실시간으로 반응한다. 토론은 온라인 채팅방에서 더욱 활발하게 이어지고, 학생들은 익명으로도 의견을 제시할 수 있어 소극적이던 학생들까지 참여할 수 있게 되었다. 기술은 질문을 심화하고, 질문의 여정을 확장하는 도구로 자리 잡았다.

그러나 이러한 변화가 모든 교실에서 일어나는 것은 아니다. 여전히 질문보다는 정답을 요구받고, 기술은 제한된 범위에서만 활용되는 수업도 많다. 정답을 맞히는 것에 집중하는 수업에서는 학생들이 질문을 던질 기회가 없다. 학생들은 주어진 문제를 풀고, 답안을 제출하며, 틀린 문제를 다시 푸는 것에서 학습을 마무리한다. 질문을 허용하지 않는 교실에서는 학생들의 창의력도 억제된다.

따라서 교사 연수와 학교 문화의 변화도 함께 이루어져야 한다. 교사가 질문 중심 수업을 설계할 수 있도록 돕는 교육 과정의 유연성, 그리고 기술을 안전하고 효율적으로 사용할 수 있는 학교 기반 환경의 개선도 병행되어야 한다. 교사에게는 질문을 끌어내는 능력이 중요하고, 학생에게는 질문할 수 있는 자유가 주어져야 한다.

EBS 재직 시절, 기억에 남는 수업을 목격한 적이 있다. 중학교 사회 수업 시간, 교사는 주제를 던지고 이렇게 말했다.

"이 문제에 대해 답을 찾기 전에, 너희는 어떤 질문을 던질 수 있을까?"

학생들은 손을 들고 질문을 쏟아냈다. "왜 이 정책이 필요한가요?" "다른 나라는 어떻게 해결하죠?" "문제를 해결할 수 있는 새로운 방법은 없을까요?" 교사는 학생들의 질문을 칠판에 정리했고, 학생들은 각자의 질문에 대해 자료를 조사하고 발표를 준비했다. 그날 수업에서 교사는 단 한 번도 '정답'을 말하지 않았다. 오직 질문이 수업을 이끌었다.

이것이 내가 꿈꾸는 교육의 모습이다. 기술은 이 모든 과정을 더 풍부하게 만들 수 있다. 검색, 시뮬레이션, 협업 도구, 피드백 시스템, 이 모든 것이 교사와 학생의 사고를 확장시켜주는 매개체가 된다. 교사는 질문을 던지고, 학생은 그 질문을 탐색하며, 기술은 그 탐색을 지원한다.

예를 들어 AI 기반 학습 시스템은 학생들이 질문을 던지면 실시간으로 관련 자료를 검색해주거나, 학생의 이해 수준에 맞춰 추가 질문을 제시한다. 학생은 질문을 통해 학습의 방향을 정하고, 교사는 그 질문을 통해 학생의 사고 과정을 파악할 수 있다. 질문이 많아질수록 수업은 더 깊어지고, 학생들의 사고는 더욱 확장된다.

결국, 묻는 것은 사람의 몫이고, 기술은 탐색을 확장한다. 교사는 질문을 끌어내고, 학생은 그것을 붙잡고 탐구하며, 기술은 그 여정을 돕는다. 이 삼각형이 조화를 이룰 때, 우리는 비로소 '사람 중심의 에듀테크'를 실현할 수 있다.

미래의 교실은 더 이상 교탁 앞에 서 있는 교사 한 명의 수업이 아니다. 교실 안팎에서 데이터를 분석하고, 질문을 확장하고,

서로의 생각을 실시간으로 공유하는 지능형 학습 생태계가 될 것이다. 그러나 그 안에서 가장 중요한 것은 여전히 '어떤 질문을 할 것인가'이다.

기술은 도구일 뿐, 방향을 제시하는 것은 사람이다. 우리는 기술을 통해 교육을 자동화할 수는 있어도, 사람을 향한 따뜻한 배려와 질문의 깊이는 오직 교사와 학생의 몫이다. 질문을 통해 학생들은 지식을 넘어 사고를 탐색하며, 교사는 그 과정을 지원한다.

따라서 교육의 미래는 기술만이 아니라, 사람의 성장을 끝까지 포기하지 않는 교육의 철학에서 시작되어야 한다. 그것이야말로 진정한 '사람 중심 에듀테크'가 지향해야 할 길이다.

18
교사의 미래를
학습 디자이너로 다시 정의하다

◆

" AI 시대, 교사는 학습을 디자인하는 예술가다 "

　교육은 더 이상 지식의 단순한 전달이 아니다. 정보는 이미 손끝에 있다. 언제든지 검색하고, 요약하고, 분석할 수 있는 시대다. 그렇다면 이 시대에 교사의 역할은 무엇인가? 이 질문에 대해 분명히 말할 수 있다. 교사는 '학습 디자이너'가 되어야 한다.
　예전에는 교사가 수업의 주연이었고, 학생은 조용히 듣는 청중이었다. 그러나 지금은 다르다. 교사는 수업이라는 무대를 기획하고 조율하며, 학생이 그 안에서 스스로의 배움을 구성해갈 수 있도록 설계하는 '프로듀서'가 되어야 한다. 이는 단지 수업 방식의 변화가 아니라, 교사라는 존재의 정체성을 다시 정의하는 일이다.

다양한 교사 연수나 세미나에서 종종 이렇게 말하곤 한다. "학생이 오늘 수업에서 질문을 하나라도 만들고 나갔다면, 그 수업은 성공한 것입니다. 그렇지 않았다면, 교사는 다시 설계해야 합니다."

교사는 학습자의 맥락을 이해하고, 수준에 맞게 콘텐츠를 조절하며, 그 안에서 탐구와 토론이 일어나도록 촉진하는 조력자다. 기술은 이를 위한 도구일 뿐이다. 이처럼 교사는 학습 환경을 설계하는 디자이너이자, 학습자와 함께하는 동반자다. 그러기 위해서는 교사 스스로도 끊임없이 학습해야 한다. 변화하는 교육 기술, 새롭게 등장하는 이론들, 그리고 무엇보다 학생들의 삶과 언어를 이해하려는 노력이 필수적이다. 오늘날의 교사는 더 이상 '모든 것을 아는 사람'이 아니라, '함께 배워나가는 사람'이다. 교사의 배움은 곧 수업의 깊이가 되고, 교사의 질문은 곧 학생의 탐구를 이끄는 원동력이 된다. LMS, AI 피드백, 데이터 분석, 디지털교과서 등 이 모든 도구는 교사의 교육 철학 안에서 비로소 의미를 가진다.

특히 데이터 활용 능력은 미래 교사에게 필수다. 단지 시험 점수가 아니라, 학습 로그, 질문 빈도, 참여 활동, 감정 변화까지 포함한 데이터를 통해 학습자를 입체적으로 이해해야 한다. AI가 제시하는 분석은 참고자료일 뿐, 해석과 적용은 결국 교사의 몫이다.

그러나 기술을 다룰 줄 안다고 해서 훌륭한 교사가 되는 것은 아니다. 교사는 학생과 눈을 맞추고, 맥락을 파악하며, 때로는 예기치 않은 감정의 변화를 읽어낼 줄 알아야 한다. 기술과 사람 사이의 간극을 메우는 것은 결국 교사의 감수성이다.

미래 교사의 모습이 점점 더 복합적으로 되리라 본다. 콘텐츠 설계자, 학습 코치, 데이터 분석가, 그리고 무엇보다 '의미 생성자'로서의 역할이 강조될 것이다. 교사는 단지 지식을 전달하는 존재가 아니라, 배움이라는 경험을 설계하는 예술가다.

또한, 교사의 미래를 다시 정의한다는 것은 단지 역할의 전환을 말하는 것이 아니다. 그것은 교육에 대한 근본적인 철학의 전환을 의미한다. 교사가 '가르치는 사람'에서 '의미를 함께 만드는 사람'으로 바뀌는 순간, 교실은 더 이상 일방향의 공간이 아니라, 살아 있는 지식과 경험이 흐르는 역동적인 공동체가 된다. 우리는 그 변화의 길목에 서 있다. 그리고 그 여정은 지금 이 순간, 한 명의 교사가 학생에게 진심 어린 질문을 건네는 것으로부터 시작될 수 있도록 수업과 학습을 디자인해야 한다.

이 책을 쓰면서 다시 한번 교육의 본질을 깊이 고민하게 되었다. 우리는 지식을 전수하는 시대를 지나왔다. 교사가 강단에서 지식을 설명하고, 학생들은 받아 적는 교육. 질문이 적고, 답은 정해져 있는 교육. 그러나 이제는 그런 교육으로는 부족하다.

2015년, UN은 전 세계가 함께 지향해야 할 17가지 '지속 가능 발전 목표SDGs: Sustainable Development Goals'를 채택했다. 이는 단순한 선언이 아니라, 2030년까지 인류가 함께 달성해야 할 공동의 약속이다. 이 목표들은 인류의 번영과 지구 환경의 지속 가능성을 동시에 추구하는 핵심 의제다.

그 가운데 네 번째 목표는 '양질의 교육Quality Education'이다. 하지만 교육은 17가지 중 하나의 항목에 머물지 않는다. 교육은 모든 SDGs 달성의 토대이며, 각 목표를 연결하고 뒷받침하는 핵심 축이다. 기후 변화 대응이든, 빈곤 해소든, 성평등이든, 그 밑바탕에는 언제나 '교육'이 자리한다.

그리고 오늘날 교육의 질을 말할 때, 단순한 지식 전달을 넘어서야 한다. 바로 다양성Diversity, 공정성Equity, 포용성Inclusion의 가치가 중심에 놓여야 한다. 다양한 문화적 배경과 학습 특성을 가진 모든 학습자가 소외되지 않고 교육에 접근할 수 있어야 하며, 그 과정은 공정하고, 결과는 포용적이어야 한다.

DEI는 단지 사회 정의의 문제가 아니라, 지속 가능한 발전을 가능케 하는 교육의 필수 조건이다. 아이들이 어떤 지역, 성별, 언어, 장애, 경제적 조건 속에 있든 관계없이 교육의 기회를 누리고, 각자의 잠재력을 실현할 수 있어야 한다. 이는 단지 '누구나 배울 수 있다'는 선언이 아니라, 모든 이가 '다르게 배울 수 있는 권리'를 보장하는 구조를 만드는 일이다.

결국 SDGs가 지향하는 지속 가능한 미래는 '모두를 위한 양질의 교육'을 어떻게 실현하느냐에 달려 있다. 그리고 그 교육이 진정으로 지속 가능하려면, DEI의 원칙이 그 중심에 자리 잡아야 한다. 따라서 발전된 미래 교육을 위해 교사는 SDGs나 DEI를 고려한 디자이너가 되어야 한다.

이러한 17개 지속 가능 발전 목표를 간략하게 살펴보기로 한다.

1. **빈곤 퇴치**No Poverty 교육은 빈곤에서 벗어날 수 있는 가장 확실한 길이다. 교육을 통해 직업 기회를 얻고, 경제적 자립을 이루며, 더 나은 삶을 설계할 수 있다.
2. **기아 종식**Zero Hunger 영양 교육과 농업 기술 교육은 기아 문제 해결에 기여할 수 있다. "특히 지역 기반의 식량 생산과 영양 관리에 대한 교육은 지속 가능한 농업을 촉진하고 기아 문제 해결에 기여할 수 있다."
3. **건강과 웰빙**Good Health and Well-being 건강한 생활 습관, 정서적 안정, 정신 건강에 대한 교육은 학생들의 웰빙을 높이고, 나아가 가족과 지역사회의 건강에도 긍정적인 영향을 미친다.
4. **양질의 교육**Quality Education 모두에게 포용적이고 형평성 있는 교육을 제공하며, 평생학습 기회를 촉진한다. 이는 단지 학교 교육뿐

아니라 성인 학습, 직업 교육, 온라인 교육까지 포함된다.

5 **성평등**Gender Equality 교육은 성평등을 실현하는 가장 강력한 도구다. 소녀와 여성에게 학습 기회를 제공하고, 성 고정관념을 깨는 교육을 통해 성평등 사회로 나아갈 수 있다.

6 **깨끗한 물과 위생**Clean Water and Sanitation 깨끗한 물 사용, 위생 관리에 대한 교육은 개인의 건강을 지키고, 지역사회의 위생 수준을 높이는 데 기여한다.

7 **청정 에너지 보급**Affordable and Clean Energy 재생 가능 에너지와 에너지 절약에 대한 교육은 지속 가능한 에너지 사용을 장려하고 기후 변화 대응에도 기여한다.

8 **양질의 일자리와 경제 성장**Decent Work and Economic Growth 직업 교육, 창업 교육은 개인의 경제적 자립을 돕고, 지역사회의 경제 성장에 기여한다.

9 **산업, 혁신, 인프라**Industry, Innovation and Infrastructure 교육은 혁신적인 사고력를 기르고, 과학기술 교육은 산업 발전의 기초가 된다.

10 **불평등 감소**Reduced Inequality 교육은 모든 사람에게 평등한 기회를 제공하며, 차별을 없애고 사회적 통합을 촉진한다.

11 **지속 가능한 도시와 공동체**Sustainable Cities and Communities 환경 보호, 안전한 공동체 조성에 대한 교육은 지속 가능한 도시를 만드는 데 필수적이다.

12 **책임감 있는 소비와 생산**Responsible Consumption and Production 자원 절약, 재활용, 환경 보호에 대한 교육은 지속 가능한 소비 문화를

형성한다.

13 **기후 변화 대응**Climate Action 기후 변화의 원인과 영향을 이해하고, 대응 방안을 배우는 것은 학생들이 지구 환경을 보호하는 책임감을 갖게 한다.

14 **해양 생태계 보호**Life Below Water 해양 오염 방지, 해양 생물 보호에 대한 교육은 지속 가능한 해양 자원 관리를 가능하게 한다.

15 **육상 생태계 보호**Life on Land 삼림 보호, 생물 다양성 유지에 대한 교육은 지구 환경을 건강하게 유지하는 데 기여한다.

16 **평화, 정의, 강력한 제도 구축**Peace, Justice and Strong Institutions 평화 교육, 인권 교육은 공정하고 포용적인 사회를 만드는 기초가 된다.

17 **파트너십 활성화**Partnerships for the Goals 협력과 연대의 가치를 배우는 글로벌 시민교육은 지속 가능한 발전을 위한 파트너십을 활성화하는 데 기여한다.

교사는 어떻게 17개 목표를 교육에 반영할 수 있을까?

UN의 '지속 가능 발전 목표'는 단지 글로벌 목표로 끝나지 않는다. 이는 교사들이 학생들에게 가르칠 수 있는 주제이며, 실생활에서 적용할 수 있는 가치들이다. 교사들에게 다음과 같은 방식으로 17가지 목표를 교육 현장에서 적용할 것을 제안한다.

첫째, 주제 기반 수업 설계다. 교사는 매 학기 주제 중심의 프로젝트 수업을 계획할 수 있다. 예를 들어, 기후 변화(목표 13)를 주제로 선택할 경우, 학생들은 기후 변화의 원인을 조사하고, 학교에서 에너지 절약 캠페인을 기획하며, 가정에서 실천할 수 있는 에너지 절약 방안을 발표할 수 있다.

둘째, 통합 교육과정 적용이다. 수학 시간에는 에너지 사용량 계산, 과학 시간에는 기후 변화 원인 분석, 사회 시간에는 기후 협약과 국제 협력의 중요성을 배울 수 있다. 교사는 각 교과목을 SDGs 주제에 맞춰 통합하여 학생들이 다양한 관점에서 문제를 이해하도록 도울 수 있다.

셋째, 학생 중심 탐구 프로젝트다. 학생들이 각자 관심 있는 SDG를 선택하고, 해당 주제에 대해 탐구하도록 한다. 예를 들어, 어떤 학생은 빈곤(목표 1)을 선택하고, 지역사회의 빈곤 문제를 조사하며 해결 방안을 제안할 수 있다.

넷째, 데이터 기반 학습 설계다. 학생들의 학습 데이터(참여도, 질문 빈도, 피드백 반응)를 활용하여 맞춤형 수업을 설계할 수 있다. 예를 들어, 학생들이 환경 관련 주제에서 질문을 많이 했다면, 환경 교육을 심화하거나 실제 체험 활동을 추가할 수 있다.

다섯째, 학생 주도형 캠페인 기획이다. 학생들이 직접 기획하고 실행하는 SDGs 관련 캠페인을 통해 학습 내용을 실천으로 연결할 수 있다. '학교 에너지 절약 캠페인', '지역사회 클린업 프로젝트', '학교 내 공정무역 카페 운영' 등이 가능하다.

이 모든 것은 단지 수업의 외형적 변화로 끝나서는 안 된다. 중요한 것은 교사의 철학이다. 교사는 기술을 통해 학생들의 탐구를 지원할 수 있지만, 그 과정에서 학생들의 질문을 경청하고, 생각을 이끌어주어야 한다. 교사의 눈은 언제나 학생을 향해 있어야 한다.

AI 시대에도 디지털교과서와 학습 데이터가 쏟아지는 시대에도 교사는 여전히 학생의 눈을 보고, 그들의 질문에 귀를 기울이며, 함께 탐구할 수 있는 동반자가 되어야 한다. UN이 제시한 17개 목표는 단순한 선언이 아니라, 교육을 통해 실현할 수 있는 미래의 설계도다. 교사는 학생들에게 지식을 전달하는 사람이 아니라, 그들이 스스로 질문을 던지고 답을 찾아가는 길을 안내하는 사람이다. 이제 교실에서, 학교에서, 지역사회에서 교사들은 17개 목표를 통해 새로운 배움의 길을 열어가야 한다. 그리고 그 길에서 학생들은 미래의 문제를 해결할 수 있는 능력과 책임감을 키워갈 것이다.

변화는 이미 시작되었다. 오늘도 현장에서는 수많은 교사가 조용히, 그러나 치열하게 자신만의 방식으로 이 전환을 이끌고 있다. 그들을 진심으로 존경한다. 그들이야말로 진짜 '교육의 미래'를 디자인하고 만들어가는 예술가이기 때문이다.

19

교육의 미래,
함께 설계하다

◆

"교육은 함께 만드는 생태계다"

  교육은 더 이상 학교나 교실이라는 울타리 안에서만 이루어지지 않는다. 변화하는 사회와 기술 환경 속에서 교육은 이제 사회 전체가 함께 만드는 '생태계'로 나아가야 한다. 전통적으로 공교육은 국가가 정책을 설계하고, 학교가 실행하며, 교사가 책임지는 구조를 통해 사회의 안정과 성장의 기반을 이루어왔다. 하지만 이 구조는 오늘날의 복잡한 변화에 더 이상 충분하지 않다. 교육은 이제 다양한 주체가 함께 참여하고 협력해야 하는 공동의 과제가 되었다.

  국제기구인 OECD와 UNESCO는 일찍이 '거버넌스 기반의 교육 협력'을 강조해왔고, 핀란드, 에스토니아, 싱가포르 등 교육 선진국들은 공공, 민간, 시민사회의 협업 모델을 통해 교육의 혁신성과 포용성을 동시에 추구하고 있다. 우리 사회도 이러한 변화에 능동적으로 대응하기 위해 교육 생태계를 새롭게 설계할 필요가 있다.

그 중심에는 공교육과 민간의 동반자적 관계가 자리하고 있다. 공교육은 공공성, 형평성, 그리고 장기적인 안정성을 보장하는 반면, 민간은 민첩한 실행력과 창의적 기획력, 기술적 혁신에서 강점을 지닌다. 나는 방송대, KERIS, EBS 등 공공기관에서 일하며 공교육의 가능성과 공공성을 체감했고, 동시에 아이스크림미디어 등 민간 기업을 통해 민간 교육 콘텐츠의 역동성과 유연성을 경험했다. 두 영역은 결코 대립하는 것이 아니다. 오히려 서로의 약점을 보완하고 강점을 극대화할 수 있는 협력의 파트너가 되어야 한다.

공공과 민간의 협력은 다양한 방식으로 현실에서 구현되고 있다. EBS 수능 콘텐츠처럼 공공이 제작하고, 민간이 배포하며, 교사가 수업에서 활용하는 구조가 대표적이다. 또 민간이 주도한 교육 플랫폼이 교사들과 협업하여 진화해나가는 사례도 많다. 이러한 '하이브리드' 협력 모델은 교육 생태계의 건강한 성장 기반이 된다. 기술과 콘텐츠의 민첩한 개발은 민간이 담당하고, 그 품질과 공정성은 공공이 보증하며, 현장의 교사는 이를 창의적으로 활용한다. 이 과정에서 교사는 협력 구조의 핵심 연결고리 역할을 하며, 교사의 전문성과 자율성이 보장될 때 협력 생태계는 비로소 유기적으로 작동한다.

이러한 협력의 가치와 가능성은 팬데믹이라는 위기 상황을 계기로 극명하게 드러났다. EBS와 민간 온라인 플랫폼들은 긴급히 협력하여 온라인 학습 콘텐츠를 제작하고 배포했으며, 교육부와 KERIS, 지방교육청, 민간 기업들은 화상수업 시스템과 학습관리시스템LMS, 디지털교과서 등을 공동으로 개발하고 보급하였다. 위기 상황에서 공공의 방향성과 민간의 실행력이 결합한 협력의 힘은 빛을 발했고, 결과적으로 수많은 교사와 학생들이 그 혜택을 받았다.

그러나 협력은 결코 쉽지 않다. 공공은 안정성과 형평성을 중시하고, 민간은 수익성과 차별화를 추구하며, 조직의 논리와 문화도 다르기 때문이다. 이러한 차이는 때로 갈등으로 이어지지만, 상호 존중이라는 기초 위에 설 때에는 강력한 시너지가 발생한다. 공공은 민간의 창의성과 실행력을 존중하고, 민간은 공공의 사회적 책임과 투명성을 받아들일 때 협력은 진가를 발휘한다.

이러한 협력이 지속되기 위해서는 구조적 설계가 필요하다.

첫째, 공공 플랫폼을 민간에게 개방하고 불필요한 규제를 완화함으로써 민간의 혁신 역량이 공공의 교육 인프라와 연결될 수 있어야 한다.

둘째, 교사를 대상으로 한 민간 기술 활용 연수와 현장 실천 사례의 확산을 통해 기술 친화적이고 자율적인 수업 환경을 조성해야 한다. 교사가 민간 기술을 충분히 이해하고 적용할 수 있을 때 협력 생태계는 더욱 역동적으로 작동한다.

셋째, 공공과 민간이 정기적으로 만나 교육 현안과 정책 방향을 논의할 수 있는 상설 협의체를 설립하고, 이를 제도화해야 한다. 이를 통해 교육 정책이 일방적 전달이 아닌 '공동 기획과 조정'의 구조 속에서 수립될 수 있다.

넷째, 지방정부, 지역 기업, 시민사회 등이 함께 참여하는 지역 기반 교육 생태계를 조성하고, 이를 위한 예산과 행정적 지원을 확대해야 한다. 교육의 분권화와 다양성은 지역 단위에서 더욱 풍부하게 실현될 수 있다.

다섯째, AI와 학습 분석 기술을 바탕으로 한 맞춤형 학습 시스템을 공공과 민간이 함께 개발하고, 이를 윤리적이고 투명하게 운영하기 위한 활용 가이드를 구축해야 한다. 데이터의 보호와 활용 사이의 균형을 정교하게 설계하는 것이 핵심이다.

이러한 정책 기반 위에서, 디지털 전환 시대에 특히 요구되는 실천적 협력 전략도 함께 고려되어야 한다. 기술은 교육의 도구일 뿐 아니라 협력의 매개체이기도 하다. 디지털 기반 교육 환경을 효과적으로 구현하기 위해 다음의 네 가지 전략을 제안한다.

첫째, AI 교과서의 지속적인 진화를 위해 공공은 교육 과정과 품질에 대한 기준을 설정하고, 민간은 이를 기반으로 콘텐츠를 설계하며 기술을 접목해야 한다. 이는 민간의 창의력과 실행력을 제도적 틀 안에서 발휘할 수 있게 하는 전제가 된다.

둘째, AI 피드백 플랫폼을 구축할 때에는 공공이 운영하는 학습관리시스템LMS과 민간의 학습 앱이 유기적으로 연계되어야 한다. 통합된 학습 환경은 교사와 학습자 모두에게 일관된 경험을 제공하며, 데이터 기반 맞춤형 교육을 더욱 효과적으로 실현할 수 있다.

셋째, 지역-산업 연계 진로 교육은 지방정부, 학교, 스타트업, 기업이 공동으로 설계하고 운영하는 방식으로 발전시켜야 한다. 청소년들이 지역의 실질적 산업 환경 속에서 진로를 탐색하고 미래를 설계할 수 있는 경험을 제공하는 것이 중요하다.

넷째, 교육 플랫폼의 데이터 표준과 상호 운용성을 공공이 설정하고, 그 위에 민간이 다양한 교육 서비스를 구축할 수 있도록 체계를 마련해야 한다. 이는 공공성과 민간 혁신이 공존할 수 있는 기반이 되며, 다양한 교육 기술 기업의 참여를 유도하는 열린 생태계를 만든다.

이처럼 기술과 사람, 공공과 민간이 긴밀히 연결되는 구조 속에서만 교육은 미래 지향적으로 발전할 수 있다. 공공은 철학과 기준을 수립하고, 민간은 혁신과 속도를 제공하며, 교사와 지역사회는 현장에서 이를 몰입형 학습Immersive Learning이나 참여형 학습Engaged Learning을 통해 구체적으로 구현한다. 각 주체가 동반자적 위치에서 책임과 역할을 분담하고, 함께 교육의 방향을 설계하고 실행해나갈 때, 비로소 우리는 다음 세대를 위한 지속 가능한 교육 생태계를 만들어갈 수 있다. 협력은 선택이 아니라 교육의 미래를 위한 필수 조건이다.

"공공은 '철학'과 '기준'을, 민간은 '기술'과 '혁신'을. 둘이 함께 설계할 때, 미래 교육은 유의미한 변화를 이룬다."

앞으로도 이 연결의 여정에 밀알이 되고자 한다. 혼자서는 만들 수 없지만, 함께라면 가능한 교육의 미래. 그것은 우리가 함께 설계하고 실천해야 할 과제다. 협력은 단순한 구호가 아니라, 우리가 함께 성장할 수 있는 유일한 길이다.

교육은 이제 선택이 아니라 연결의 시대다. 공공과 민간, 지역사회가 함께 만드는 '협력의 교육'이야말로 미래를 준비하는 가장 강력한 방법이다.

20
지역사회와 학부모를
교육의 주체로 초대하다

◆

"한 아이를 키우는 데는 마을 전체가 필요하다"

학교는 더 이상 교육의 유일한 공간이 아니다. 아이들은 교실 밖에서도 배우고, 학습은 정규 교육과정을 넘어 삶 전반으로 확장되고 있다. 이 흐름 속에서 '지역사회'와 '학부모'라는 교육의 또 다른 주체들에 주목할 필요가 있다. 교육은 더 이상 교사와 학생만의 일이 아니라, 지역 공동체 전체가 함께하는 프로젝트로 진화하고 있다.

최근 교육부와 지방자치단체가 지원하는 '마을교육공동체'가 전국적으로 확산되고 있다. 경기도는 2023년부터 '마을교사 양성 프로그램'을 운영해 마을 주민이 직접 교육 활동에 참여할 수 있도록 하고 있다. 농업, 예술, 생태, 역사 등 다양한 분야에서 마을 주민이 전문가로 참여하여 학생들에게 현장 학습을 제공한다. 학생들은 교실 밖에서 직접 체험하며 학습하고, 주민들은 자신들의 경험과 지식을 교육으로 전수하며 사회적 가치를 실현한다.

전라남도 순천에서는 '마을학교'가 운영되고 있으며, 지역 주민들이 자원봉사자로 참여하여 마을 곳곳이 학습 공간으로 변하고 있다. 순천만 자연생태공원에서는 생태 체험 학습이 이루어지고, 지역 도서관에서는 주민이 책 읽어주기 활동을 통해 독서 교육을 지원한다. 이러한 프로그램은 단순히 교육을 넘어 지역 공동체를 강화하는 효과도 가져온다.

서울 성동구에서는 '성동마을교육협의체'가 지역사회의 다양한 교육 주체들을 연결한다. 여기에는 지역 도서관, 문화센터, 주민자치회, 그리고 지역 내 기업까지 참여한다. 성동구는 이러한 협력을 통해 학생들에게 다양한 체험 기회를 제공하며, 주민들은 자신의 지식과 경험을 교육으로 나눌 수 있다. 특히 성동구는 디지털 리터러시 교육 프로그램을 통해 학생들이 디지털 기기를 안전하고 효과적으로 활용할 수 있도록 돕고 있다.

학부모의 역할도 달라지고 있다. 예전에는 단순히 학교 행사에 참여하거나 자녀의 성적을 확인하는 정도에 그쳤다면, 이제는 직접 교육과정 개발에 참여하거나 교육 콘텐츠의 공동 생산자로 거듭나고 있다. 서울시 서초구의 한 초등학교에서는 학부모들이 디지털 리터러시 교육에 직접 참여하여 수업을 설계하고, 교사와 함께 AI 교육 프로그램을 시범 운영했다. 학부모들은 자녀들이 디지털 환경에서 안전하게 학습할 수 있도록 직접 가이드라인을 제안하기도 했다.

경기도교육청은 지역사회와 협력하여 '디지털 시민교육'을 강화하고 있다. 이곳에서는 학부모들이 디지털 기기 사용법부터 정보보호, 온라인 에티켓까지 스스로 학습하고, 그 지식을 자녀들에게 전달할 수 있도록 지원한다. 이는 단순한 정보 전달을 넘어, 학부모들이 자녀의 학습 여정에서 적극적으로 참여할 수 있도록 돕는다.

최근에는 '지역 교육 거버넌스'라는 개념이 주목받고 있다. 이는 학교, 지자체, 지역 기관, 학부모가 함께 교육 방향을 설계하고 실행하는 구조로, 지역의 특성을 반영한 맞춤형 교육이 가능해진다. 예를 들어, 강원도 원주시는 지역 교육청과 함께 '원주 교육 거버넌스 협의체'를 운영하고 있다. 이 협의체는 지역 내 초·중·고등학교, 도서관, 문화센터, 주민자치회가 함께 참여하여 지역 맞춤형 교육 프로그램을 기획하고 운영한다. 학생들은 지역의 역사와 문화를 직접 체험하며 배우고, 주민들은 교육 활동을 통해 공동체의 일원으로서 자긍심을 느낀다.

부산 해운대구에서는 '해운대 교육 혁신지구'를 통해 지역사회가 학교 교육에 직접 참여할 수 있도록 지원한다. 여기에는 지역 기업도 참여하여 직업 체험 프로그램을 운영하거나, 현직 전문가가 멘토로 활동하며 학생들의 진로 탐색을 지원한다. 특히 해운대구는 지역의 관광 자원을 활용한 '관광해설 교육 프로그램'을 통해 학생들이 지역의 특성을 이해하고 설명하는 능력을 기를 수 있도록 돕는다.

이러한 긍정적인 사례가 있는 반면, 지역 간 교육 격차도 여전히 문제로 남아 있다. 수도권이나 교육 인프라가 잘 갖춰진 지역은 다양한 교육 프로그램을 운영할 수 있지만, 농·산·어촌이나 도시 외곽 지역은 이러한 기회를 얻기 어렵다. 따라서 일부 지역에서는 마을교육공동체 프로그램이 예산 부족으로 중단되었고, 교사들은 수업 외 업무로 인해 프로그램 운영에 어려움을 겪고 있는 것으로 알려지고 있다.

이를 해결하기 위해 국가와 지자체는 지역 기반 교육 생태계를 설계하고 지원하는 데 더욱 적극적으로 나서야 한다. 특히 소외된 지역을 대상으로 공공 자원을 우선적으로 배정하고, 지역 특성에 맞는 맞춤형 프로그램을 개발할 필요가 있다. 또한 민간 기업과의 협력을 통해 부족한 자원을 보완하고, 다양한 교육 주체들이 협력할 수 있는 플랫폼을 구축해야 한다.

"아이 하나를 키우려면 온 마을이 필요하다." 이 말은 단지 시적인 표현이 아니라, 교육이 지속 가능해지기 위한 실제 조건이다. 학교, 가정, 지역이 함께 아이의 삶에 개입할 때, 비로소 교육은 '사회 전체의 일'이 된다. 앞으로의 교육은 학교 안에서만 정의될 수 없다. 지역사회와 학부모가 교육의 동반자로 나설 때, 우리는 더 풍성한 배움의 세계를 아이들에게 열어줄 수 있다.

학교 교육 계획 수립 과정에 지역사회와 학부모가 공식적으로 참여하는 시스템을 제도화할 필요가 있다. 예산, 공간, 인력 등 행정적 지원뿐 아니라, 지역 주민이 교육의 주체로 설 수 있는 역량 강화 프로그램도 함께 설계되어야 한다. 교육은 더 이상 학교만의 일이 아니라, 지역이 함께 키우고 돌보는 공공의 책임이기 때문이다.

결국 교육의 미래는 연결에 있다. 학교, 가정, 지역사회가 하나로 연결될 때, 우리는 더 나은 교육, 더 깊은 배움을 함께 만들어갈 수 있다. 이 연결은 아이들을 위한 가장 확실한 안전망이자, 미래를 준비하는 가장 강력한 방법이다.

21
스스로 인물이 되는 교육, 미래교육의 길을 묻다

"AI 시대, 교육은 사람을 키워야 한다"

우리 중에 인물이 없는 것은

인물이 되려고 마음먹고 힘쓰는 사람이 없는 까닭이다.

인물이 없다고 한탄하는 그 사람

자신이 왜 인물 될 공부를 아니 하는가?

– 도산 안창호 –

도산 안창호 선생의 이 말은 "누군가가 교육해주기만을 기다리지 말고, 스스로를 교육하라"는 깊은 통찰을 전한다. '인물'이 된다는 것은 단지 성취를 이루는 것을 넘어서, 공동체에 책임감을 가지고 올바른 방향으로 영향력을 발휘하는 사람으로 성장하는 것이다. 교육은 바로 그런 사람을 기르는 여정이며, 이 여정은 지식의 습득이 아니라 가치와 태도의 형성에서 출발해야 한다. 이 시대 교육이 나아가야 할 방향은 '무엇을 아는가'보다 '어떤 사람이 되는가'를 중심에 둔 변화다. 지금 우리는 AI와 에듀테크가 교육의 중요한 도구로 자리 잡은 시대에 살고 있다. 그러나 그 어떤 기술보다도 인간의 본질적 가치가 중심이 되어야 한다. 교육은 정해진 길을 안내하는 내비게이션이 아니라, 미지의 세계를 개척하게 해주는 나침반이어야 한다.

유아부터 평생학습까지 각 단계에서 기술과 인간성의 조화를 이루는 미래교육의 방향을 제안한다.

유아교육에서는 AI가 단순한 학습 도구가 아니라, 아이들의 감성과 상상력을 자극하는 매개체가 될 수 있다. 예를 들어 AI가 아이의 표정이나 목소리 톤을 분석해 감정 상태에 맞는 스토리텔링 콘텐츠를 제공한다면, 아이들은 자연스럽게 감정을 이해하고 표현하는 법을 배울 수 있다. 증강현실AR과 결합한 상상 놀이터를 통해 아이들의 그림이나 이야기가 3D로 구현되는 장면을 상상할 수 있다. 기술이 아이들의 상상력을 현실로 옮겨주고 감성을 자극할 수 있다면 그 교육은 살아 있는 교육이 될 것이다. 그러나 이러한 기술의 활용은 반드시 윤리적 기준과 보호 장치 위에서 이루어져야 한다. 유아의 정서와 데이터를 다루는

AI는 투명하고 검증된 알고리즘을 기반으로 해야 하며, 부모와 교사가 AI의 개입 수준을 충분히 이해하고 조절할 수 있는 구조가 마련되어야 한다. AI가 유아의 교육 파트너가 되기 위해서는 인간의 따뜻한 손길과 신뢰를 바탕으로 설계되어야 한다.

초·중등 교육에서는 AI가 교사를 대체하는 존재가 아니라, 교사의 역할을 확장하고 보완하는 동료가 되어야 한다. AI 디지털 교과서와 챗봇은 학생의 학습 속도와 이해도를 분석해 맞춤형 피드백을 제공한다. 교사는 이 데이터를 바탕으로 학생들과 깊이 있는 대화와 토론에 집중할 수 있다. 예를 들어, AI가 "이 학생은 과학 도서에 관심이 많다"고 알려주면, 교사는 과학 탐구 프로젝트를 제안할 수 있다. AI와 교사의 협업은 학생의 자율성과 창의성을 키우는 강력한 동력이 된다. 다만, 이러한 AI 기반 교육이 효과를 발휘하기 위해서는 지역 간, 계층 간 디지털 격차를 해소하려는 사회적 노력이 병행되어야 한다. 모든 학생이 동등한 기술 접근성과 학습 기회를 누릴 수 있도록 공공 인프라를 강화하고, AI 리터러시를 키우는 기초 교육 또한 함께 제공되어야 한다.

고등교육 단계에서는 AI가 단순한 도구가 아니라 창의적 협업 파트너로 자리 잡아야 한다. 학생들은 AI와 함께 디자인을 설계하거나 문학 작품을 창작하며 인간과 AI의 차이를 탐구할 수 있다. AI가 산업 데이터를 분석해 트렌드를 제시하면, 학생들은 이를 기반으로 실무 중심의 혁신 프로젝트를 수행할 수 있다. 고등교육에서는 특히 인문학과 기술, 사회문제 간의 융합 교육이 중요해진다. AI 리터러시 교육은 단순한 기술 사용법을 넘어 AI의 사회적 영향, 윤리적 논쟁, 인간 정체성에 대한 성찰을 포함해야 한다. 예컨대 인공지능이 편견을 학습하는 방식이나, 자동화 시대의 일자리 문제를 토론함으로써 학생들은 인간 중심의 기술 이해를 배울 수 있다. 이 과정을 통해 학생들이 AI의 한계를 이해하고, 인간의 독창성과 감성을 더해 융합형 인재로 성장할 수 있다.

평생교육에서는 AI가 학습자의 이력과 관심사를 분석해 나만의 '학습 DNA'를 만들어주는 시스템이 필요하다. 예컨대 40대 직장인이 새로운 기술을 배우고 싶다면 AI가 경력과 성향을 분석해 '블록체인 개발'을 추천하고, 맞춤형 강의와 실습을 설계해 준다. 더 나아가 메타버스를 통해 가상의 직업을 체험하게 되면 실무 감각은 물론 몰입감 있는 실질적 경험도 가능해진다. 특히 고령화 사회로 접어든 지금, 시니어 학습자를 위한 맞춤형 AI 학습 설계도 중요하다. 은퇴 후 새로운 삶을 준비하는 이들에게는 디지털 기초 교육과 함께, 자존감과 사회 참여를 높이는 콘텐츠가 제공되어야 한다. 기술은 단절이 아니라 재도전의 기회를 제공하는 창구가 되어야 한다.

이 모든 단계에서 네 가지 핵심 가치를 강조하고 싶다.

첫째, 탐구 교육이다. AI는 단순히 정답을 알려주는 존재가 아니라, 열린 질문을 던지고 비판적 사고를 확장시킬 수 있어야 한다. "왜 하늘은 파란가요?"라는 질문에서 "다른 행성의 하늘은 왜 다른 색일까?"로 이어지는 질문을 던지도록 도와야 한다.

둘째, 세계시민 교육이다. AI와 메타버스를 활용해 '가상 UN' 플랫폼을 만들고, 전 세계 또래들과 기후 변화나 빈곤 같은 이슈를 토론하는 프로그램을 상상할 수 있다. 한국 학생이 아프리카 학생과 물 부족 문제를 논의하며 AI의 도움으로 통계와 해결 사례를 얻고, 실질적 솔루션을 함께 찾아가는 것. 이것이야말로 진정한 세계시민 교육이다.

셋째, 인성 교육이다. AI는 윤리적 딜레마를 시뮬레이션으로 제시하여 도덕적 성찰을 돕는 도구가 될 수 있다. "AI가 교통사고를 피하려면 누구를 우선 보호해야 하나?"라는 질문을 통해 학생들은 공감, 책임감, 윤리적 판단력을 기를 수 있다. 기술은 인간성을 확장하는 방향으로 활용될 때 가장 큰 가치를 지닌다.

넷째, 기술 너머 인간성 중심이다. AI 시대라 해도, 교육의 중심은 인간성이다. AI가 아무리 정교한 학습 환경을 제공해도, 진정한 교육의 목적은 삶을 설계하고, 타인과 공감하며, 세상을 더 나은 방향으로 바꾸는 힘을 길러주는 데 있다. 교사와 학부모, 지역사회가 AI와 협력하여 따뜻한 교육 생태계를 만들고, 인간적인 유대와 멘토링을 통해 성장을 돕는 것이 중요하다.

결국, 스스로 인물이 되기 위해 노력하는 교육, 머리와 입만이 아니라 가슴과 마음으로 가르치고 배우는 교육이야말로 진정한 미래교육이다. 미래 사회는 단순한 지식 소비자가 아니라, 세상을 창조하는 인재로 가득 차야 한다. 그 길을 함께 걷고 싶다. 이 여정은 어느 한 사람이나 집단의 몫이 아니다. 교사, 학부모, 정책 입안자, 기업, 지역사회 모두가 교육이라는 공동의 미래를 설계하는 동반자가 되어야 한다. 모두가 협력하여 아이 한 사람, 학습자 한 사람의 '인물 됨'을 함께 돕는 구조가 마련될 때, 우리는 진정한 미래교육을 완성할 수 있을 것이다.

22

기술 속에
교육 철학을 담다

◆

"기술에 철학이 더해질 때, 교육은 진화한다"

수십 년 동안 교육과 기술의 접점에서 일해오면서 수없이 많은 시범 사업과 기술 도입 사례를 목격해왔다. 새로운 기기가 도입될 때마다 우리는 시범학교를 지정하고, 연수를 계획하며, 매뉴얼을 배포했다. 그러나 그중 많은 기술이 현장에 뿌리내리지 못한 채 사라졌다. 왜일까? 그 질문의 답을 철학의 부재에서 찾았다.

기술은 수업을 빠르게 만들 수 있지만 철학 없이는 오래가지 못한다. 교육에서 기술을 받아들이는 데 가장 중요한 것은 왜 이 기술이 필요한가라는 질문이다. 교사, 학생, 학부모라는 교육의 주체들은 단순히 기능이 많거나 인터페이스가 화려하다고 해서 기술을 수용하지 않는다. 그들은 기술이 교육의 본질적 가치를 어떻게 실현하는지에 대한 답을 요구한다.

교사 연수, 세미나, 워크숍에서 자주 이 질문을 던졌다. "기술은 도구일 뿐입니다. 그 도구를 통해 여러분이 만들고자 하는 교육의 모습은 무엇입니까?" 이 질문은 단순하지만, 교육에서 철학이 작동하는 순간이며, 모든 혁신의 출발점이다. 수업은 교사의 철학이 구현되는 무대이고, 기술은 그 무대를 구성하는 조연이다.

첫째, 교육에서 중요한 것은 기술을 통해 이루고자 하는 교육의 본질적 가치다. 기술이 단순히 편리하거나 효율적이라는 이유만으로 수용되어서는 안 된다. 기술은 교육을 보조하는 도구일 뿐이며, 교사와 학생 간의 상호작용과 공감을 방해해서는 안 된다. 기술은 수업을 풍성하게 하고 관찰의 여유를 줄 수 있지만, 그 자체가 교육의 목적이 될 수는 없다.

둘째, 기술은 철학을 기반으로 선택되고 활용되어야 한다. 기억에 남는 장면이 있다. 디지털교과서 시범사업이 막 시작될 무렵, 한 초등학교 교사가 디지털교과서와 학습관리시스템LMS을 능숙하게 활용하면서도 학생 한 명 한 명의 표정을 놓치지 않았다. 그는 기술을 통해 관찰의 여유를 얻었고, 학생들과의 상호작용은 오히려 더 풍성해졌다. 기술이 사람을 밀어낸 것이 아니라,

사람 사이의 여백을 만들어준 것이다. 이는 기술이 교육 현장에서 철학을 기반으로 사용될 때만 효과적이라는 점을 보여준다.

셋째, 기술이 교육 현장에서 성공적으로 뿌리내리기 위해서는 교사, 학생, 학부모의 공감과 이해가 필요하다. 교육은 결국 공감에서 시작되며, 기술은 공감을 도울 수 있어야 한다. 만약 기술이 수업에서 인간적 연결을 방해한다면, 우리는 그 기술의 존재 이유를 다시 물어야 한다. "이 기술은 누구를 위한 것인가"라는 질문은 교육 철학의 중심에 놓여 있다.

이 책을 쓰고 있는 중 맥그로힐은 글로벌 교육 인사이트 2025 보고서*를 공개했다. 이 보고서는 전 세계 19개국에서 1,000명 이상의 교사를 대상으로 한 설문조사를 바탕으로 'AI 시대, 교육의 도전, 기회 그리고 미래Challenges, Opportunities, and the Future of Education in the Age of AI'에 대해 정리한 것이다. AI가 교육의 방식뿐 아니라 철학과 목적에까지 근본적인 질문을 던지는 시대, 그 변화의 현장을 교사들의 목소리로 담아냈다.

2025년, 전 세계 교육 현장은 AI의 급속한 발전 속에서 중대한 전환점을 맞이하고 있다. 기술은 빠르게 진화하고, 교육의 형태와 철학, 목적까지 근본적으로 재검토되고 있다. 교육자들은

---

* McGraw Hill Global Education Insights Report 2025.
https://www.mheducation.com/about-us/global-education-insights.html

한편으로는 새로운 가능성에 대한 기대를 품고 있으면서도, 동시에 교육의 본질이 훼손될까 우려하고 있다. 학생들의 정신 건강 문제, 감정 조절 어려움, 학습 격차, 외부 환경의 불균형 등은 단순히 기술로 해결되지 않는다. 기술은 이러한 복합 문제에 대해 해답을 줄 수 없지만, 교육의 철학이 방향을 제시할 수 있다. 철학은 단지 과거의 고전이 아니라, 오늘의 교실과 내일의 미래를 설계하는 실천의 나침반이다.

사회적·정서적 학습SEL: Social and Emotional Learning은 이러한 교육철학의 중요한 요소로, AI가 제공하는 개인 맞춤형 학습이나 실시간 피드백과 같은 기술적 혜택이 결국 인간적 연결을 기반으로 해야 함을 보여준다. AI는 교사의 역할을 대체할 수 없다. 학생과 교사의 감정적 교감, 비판적 사고, 윤리적 판단, 가치의 전수 등은 기술이 흉내 낼 수 없는 교육의 본질이다.

AI는 많은 기회를 제공한다. 맞춤형 학습, 행정 자동화, 실시간 피드백, 공간적 제약을 뛰어넘는 학습 자원의 확장. 그러나 교사들은 묻는다. "기술은 편리하지만, 교육의 본질을 대체할 수 있는가?" 이 질문은 기술이 교육 현장에서 어떻게 사용되어야 하는지를 결정짓는 중요한 기준이다. AI는 교사를 지원하는 도구일 뿐, 교육의 핵심은 사람이다. 이는 AI가 교육에 미치는 영향뿐 아니라, AI를 사용하는 방식에서도 철학이 필요함을 뜻한다.

미래의 교육은 기술의 속도가 아니라, 그 속도 속에서 무엇을 지켜야 하는가, 무엇을 향해 가야 하는가에 대한 성찰이다. 학생들이 단순한 기술 소비자가 아닌, 창의적 생산자로 성장하려면 AI 리터러시 교육뿐 아니라, 공감 능력, 창의성, 윤리적 책임을 기르는 철학 교육이 병행되어야 한다. 디지털 교육은 단순히 도입에서 끝나지 않는다. 실험하고, 실패하고, 성찰하고, 다시 설계하는 지속적 과정이다. 지금도 교실에서 실험을 멈추지 않는 교사들을 진심으로 존경한다. 그들은 태블릿보다 빠르고, AI보다 깊으며, 어떤 기술보다 교육 철학의 본질을 잘 알고 있다.

기술은 교육을 바꾸지 않는다. 철학이 사람을 움직이고, 사람이 교육을 바꾼다. 그러나 철학을 품은 사람이 기술을 쥐었을 때, 그 기술은 교육을 진화시킨다. 철학은 기술에 생명을 불어넣고, 교육을 사람의 길로 이끈다.

결국, 미래교육은 기술의 진보에 의해 결정되지 않으며, 철학이 있는 사람이 기술을 어떻게 활용하느냐에 따라 결정된다. 교육의 본질은 사람이며, 철학은 그 사람의 내면을 단단히 붙드는 뿌리다. 우리는 AI 시대의 교육에서도 사람의 가치를 중심에 두고, 기술을 그 가치를 실현하는 도구로 활용해야 한다. 우리가 마주한 도전은 크지만, 철학이 살아 있는 교육은 언제나 그 이상의 기회를 만들어낼 것이다.

23
에듀테크의 발전을
사회적 기여로 완성한다

"사회적 기여는 모두의 미래를 위한 투자다"

47년 동안 교육과 기술의 접점을 탐색하며 걸어온 길. 그 여정에서 가장 중요하게 여겼던 가치는 단연 '사회적 기여'였다. 교육은 단순한 산업이나 정책을 넘어 사회 전체를 변화시키는 일이며, 그 변화는 누군가의 사명감 어린 첫걸음에서 시작된다.

1990년대 말, '이러닝'이라는 단어조차 생소했던 시절, 한국에서 사이버교육의 가능성을 믿고 새로운 길을 열기 시작했다. 한국가상캠퍼스연합 설립, 사이버대학 제도화, 정보통신사이버대학연합 창설 등은 모두 교육의 지리적·시간적 한계를 넘기 위한 도전이었다. 당시에는 "디지털 교육이 진짜 교육이 될 수 있을까?"라는 의문이 있었지만, 그 질문에 대한 답은 현장에서 증명되었다.

그러나 기술만으로는 충분하지 않았다. 교육은 언제나 사람을 중심에 두어야 했다. 교육정보기술 국제표준화 기구 ISO/IEC JTC1 SC36에서 한국 대표로 활동하며 글로벌 교육정보기술 표준을 수립하는 데 기여했고, 이러닝학회를 창립하여 학문적 연구와 산업적 적용을 연결하는 교두보를 마련했다. 이러한 활동은 단순한 개인적 성취를 넘어, 대한민국이 글로벌 에듀테크의 중심으로 자리 잡는 데 기여했다.

동남아시아와 아프리카의 여러 국가를 방문했을 때는 교육부 장관이나 교육 관계자들을 만나, 그들이 처한 교육 현실을 듣고 해결책을 함께 모색했다. 에티오피아에서는 원격 교육을 통해 교사 연수를 지원했고, 가나에서는 멀티미디어 콘텐츠와 기자재를 지원하여 멀티미디어 교육의 새로운 장을 열었다. 케냐에서는 사이버교육 기반의 학습 플랫폼 구축 관련 발표를 통해 미래교육 발전을 위한 계기를 제공했다. 이러한 경험은 '기술이 단지 선진국의 전유물이 되어서는 안 된다'는 신념을 더욱 확고히 만들었다. 기술이 진정한 교육 혁신으로 이어지려면, 그것이 소외된 지역과 사람들에게도 혜택을 줄 수 있어야 한다.

기술과 교육의 국제적 표준을 정립하고, 글로벌 협력을 통해 디지털 소외를 줄이는 노력은 단순히 한국을 위한 것이 아니라

전 세계 교육의 진보를 위한 기여였다. 그리고 이러한 국제적 기여는 대한민국이 에듀테크의 글로벌 리더로 자리 잡을 수 있는 밑거름이 되었다.

기술은 누구를 위한 것인가? 교육은 누구를 위한 것인가? 이 질문을 늘 스스로에게 던졌다. 그래서 한국에서 디지털 소외 계층을 위한 다양한 프로그램을 운영했다. 디지털 콘텐츠 무상 제공, 학습 멘토링, 정보화 포럼 등 단순히 기술을 보급하는 것을 넘어, 모든 사람이 평등하게 배울 수 있는 환경을 만드는 데 집중했다.

EBS에 몸담고 있을 때는 '교육복지 우선 지원 사업'과 연계해 디지털 콘텐츠를 무상 제공하고, 학습 멘토링 프로그램을 운영했다. 특히 팬데믹 시기, 원격 수업이 전국적으로 시행되면서, 기술 격차가 곧 교육 격차로 이어질 수 있다는 점을 절감했다. 이에 공공 플랫폼을 통해 누구나 접근할 수 있는 교육 콘텐츠를 제공하는 데 주력했다.

도산아카데미에서 '스마트사회지도자포럼' 회장을 맡은 16년 5개월 동안에는 매월 1회씩 사회지도층 인사들을 위한 정보화 교육을 진행했다. 이 포럼은 단순한 강연이 아니라, 사회 각 분야의 리더들이 모여 미래를 논의하고, 교육과 기술의 중요성을 함께 고민하는 자리였다. 이곳에서 교육은 단지 지식을 전하는 것을 넘어, 사회적 책임을 인식하고 실천하는 지혜를 기를 수 있는 것이어야 한다고 강조했다.

또한 한국장학재단의 '사회 리더 대학생 멘토링'에 참여해서 11년 동안 대학생들을 차세대 리더로 성장시키기 위해 노력했다. 멘토링은 단지 지식 전달이 아니라 인생의 방향성을 함께 고민하고, 진로를 설계할 수 있도록 돕는 과정이었다. 학생들은 단순히 진로 상담을 받는 것이 아니라 자신의 목표를 설정하고 성장을 체험할 수 있었다. 그들이 성장하는 모습을 보며 '기술로 돕는 교육'뿐만 아니라 '사람으로 돕는 교육'의 중요성을 다시금 깨달았다.

기술은 혁신적이지만, 그 혁신이 모두에게 혜택이 되지 않을 수 있다. 누구도 뒤처지지 않도록 하는 것이 진정한 교육의 목표이자 기술이 나아가야 할 방향이다. 이 철학은 코리아 이러닝 박람회를 기획하고, 이를 에듀테크 코리아 페어로 확장하면서도 이어졌다. 산업 생태계를 조성하되, 그 중심에는 언제나 '교육의 공공성'이라는 나침반이 있어야 한다고 믿었다.

특히 장애인, 다문화가정, 농·산·어촌 지역의 학생들도 차별 없이 교육 콘텐츠를 이용할 수 있도록 무상 제공 프로그램을 확대했다. 에듀테크가 단지 상업적 성공을 넘어, 사회적 기여의 도구가 되어야 한다는 철학을 실천으로 보여주었다.

디지털 시대에 청소년들이 단순히 기술 수용자에 머무르지 않고, 공동체의 발전을 위한 도구로 기술을 활용할 수 있도록 해야 한다. 이를 위해 민간과 공공이 협력하여 '에듀테크 기반 사회참여 프로젝트'를 운영할 수 있다. 예를 들어, 학생들이 AI를 활용해 지역사회의 문제를 해결하는 프로젝트를 수행하거나, 메타버스를 통해 글로벌 사회문제를 체험하며 해결책을 제안하는 활동을 통해 기술과 사회적 책임을 동시에 배우도록 돕는 것이다.

기술이 진정한 혁신으로 자리 잡으려면 그것이 사람을 돕고, 사회를 발전시키는 도구로 기능해야 한다. 에듀테크는 단지 학습 효율성을 높이는 도구가 아니라, 더 나은 사회를 만드는 연대의 매개체가 될 수 있다.

멀리 고향에서 아들의 서울대학교 졸업식을 보러 오신 부모님과 여동생(1976. 02)

대한민국 e 비즈니스 대상을 수상한 후 아내와 함께(2005. 11)

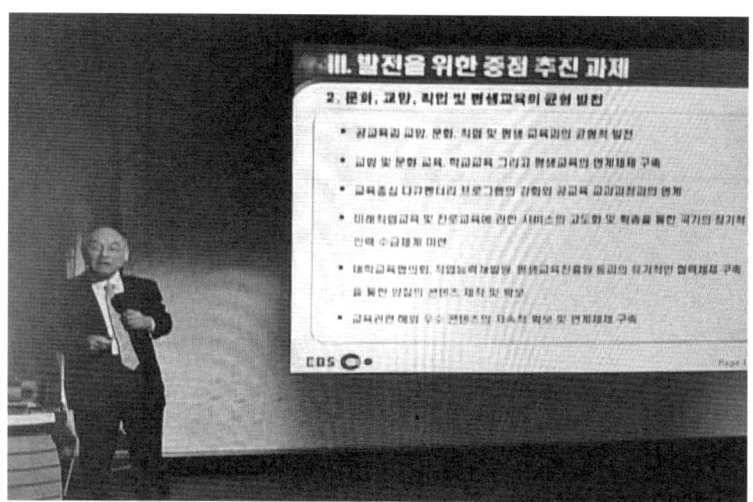

EBS 사장 취임 후 EBS 발전 방향에 대해 발표(2009. 10)

EBS 사장 취임 후 무제한 토론으로 노조투표 과반수 이상 득표(2009. 10)

교육과학기술부 이주호 차관이 방문하여
사교육비 경감을 위한 EBS 역할 논의(2009. 11)

정운찬 국무총리의 EBS 격려차 방문(2010. 02)

EBS 강의와 수능 연계를 위해
교육과학기술부(안병만 장관), 교육과정평가원(김성렬 원장)과 MOU 체결(2010. 03)

수능 강의를 위한 유능교사 파견 지원과 관련하여
서울시 곽노현 교육감과 협의(2010. 10)

아프리카 가나의 응칸카마 학교에 교육 콘텐츠와 교육 기자재 기증(2010. 12)

아랍에미리트 두바이에서 열린 GITEX 2014 전시회에서
아랍에미리트 정부 관계자와 교육 콘텐츠 수출 협의(2014. 10)

태국 방콕의 IEC 콘퍼런스에서 기조 강연 후 태국 관계자들과 함께(2015. 07)

UN 초청으로 피지 공화국에서 남태평양 도서국가들의
교육 관계자들을 대상으로 워크숍 개최(2015. 11)

이집트 카이로에서 열린 eLearning Africa 2016 콘퍼런스에서 발표 후 발표자들과 함께(2016. 05)

태국 방콕에서 열린 EDUCA 2016 콘퍼런스에서 기조 강연(2016. 10)

한국을 방문한 독일의 크리스티안 교수, 일본의 겐지 교수,
방송대 한태인 교수, 손진곤 교수와 함께 일산에서(2017. 05)

태국 방콕과 곤켄 대학에서 발표를 마치고 발표자들과 함께(2017. 07)

서울에서 개최된 이러닝코리아 2017에서 좌장으로 역할 수행(2017. 08)

한·몽 포럼의 회원들과 몽골을 방문하여 세미나를 마친 후
몽골의 민속공연 관람(2017. 08)

한국을 방문한 국제 교육정보기술 표준 전문가인 호주의 존 메이슨,
방송대 한태인 교수와 소양호에서(2017. 10)

중국 베이징에서 열린 '학습, 교육, 훈련'에 관련된 신기술 표준화를 위한
임시 작업 그룹 국제표준회의(2017. 10. 31~11. 01)

도산교육상을 수상한 후 아내 및 아이스크림미디어 동료들과 함께(2019. 11)

방송대학 TV OUN에서 초청 강연을 마치고 기념 사진(2022. 12)

EBS 사장 재임 시 뉴스 룸에서

Wisdom from Work

마무리하는 힘

"일을 마무리할 줄 아는 사람이 다음 선을 긋는다"

#07 클로징이 곧 유산이다

늘 마무리를 중요하게 여겼다. 좋은 시작은 기대를 만들지만, 좋은 마무리는 신뢰를 남긴다. 어떤 일이든 깔끔하게 끝내는 사람은 늘 다시 불린다. 왜냐하면 그가 남긴 '마무리 방식'이 곧 다음 사람의 출발선이 되기 때문이다. 마무리는 단순히 종료가 아니라, 다음 주자에게 넘겨주는 바통이다.

한 프로젝트를 끝낸 뒤, 내가 마지막으로 하는 일은 늘 정리노트를 쓰는 것이었다. 무엇을 했고, 무엇이 남았으며, 어떤 교훈이 있었는지를 한 문장으로 정리해 보내곤 했다. 처음에는 '그냥 정리'라고 생각했는데, 나중엔 알게 됐다. 그 노트가 다음 프로젝트의 나침반이 되었다는 것을.

현장에서 마무리를 가볍게 여기는 경우를 자주 본다. 성과 발표는 화려했지만, 정산은 엉망이고, 후속작업은 흐지부지. 그럴 때마다 느꼈다. "아, 이 사람은 유산을 남기지 못하는구나."

우리는 종종 일의 결과를 성과로만 판단하지만, 실제로 더 오래 남는 건 일을 '마무리한 태도'다. 누군가 말없이 정리해놓은 자료, 조용히 넘긴 권한, 사라지기 직전 마지막으로 한 인사 한마디가 조직 안에서 오랫동안 회자된다.

나는 늘 이렇게 묻는다.

"이 일을 어떻게 기억되게 할 것인가?"

그 질문에 대한 답이 바로 클로징이다. 좋은 클로징은 흔적을 남기고, 그 흔적은 유산이 된다. 그리고 그 유산은 언젠가 다시 다음 세대에게 돌아온다.

#08 책임의 끝에서 신뢰가 자란다

일을 오래 하다 보면 책임은 점점 무거워진다. 기술적 책임에서 정책적 책임으로, 일정 책임에서 사람의 삶에 대한 책임으로. 그런데 놀라운 건, 책임이 무거워질수록 오히려 내가 누군가에게 더 기대게 된다는 사실이었다. 모든 것을 혼자 책임질 수는 없다. 그래서 어느 순간 이렇게 깨닫게 된다. "책임은 무게가 아니라 공유의 구조로 설계해야 하는 것"이라고.

내가 큰 시스템을 맡았을 때였다. 처음엔 모든 결정이 내 손을 거쳐야 안심이 됐다. 그런데 점점 일이 늘어나고, 사람도 늘어나자, 내가 병목이 되었다. 그때부터 사람들에게 '권한'을 넘기기 시작했다. 처음엔 불안했다. 그런데 한 번, 두 번… 그들이 스스로 판단하고, 내가 기대한 것보다 더 잘 해냈을 때, 신뢰는 자연스럽게 생겼다.

우리는 종종 신뢰를 감정의 영역이라고 생각한다. 하지만 신뢰는 결국 역할을 어떻게 설계했는가, 책임을 어떻게 연결했는가의 결과다. 책임을 나누면 가벼워진다. 그러나 그보다 더 중요한 건, 나눠진 책임 위에 신뢰가 자란다는 것이다. 책임이 명확하면, 사람들은 흔들리지 않고, 신뢰가 있으면, 사람들은 스스로 움직인다. 그래서 나는 신뢰를 이렇게 정의한다. "함께 일해본 경험에서 자라는 확신." 책임을 나눌수록, 신뢰는 깊어진다. 그 신뢰가 조직을 단단하게 만든다.

#09 마지막 말이 다음 시작을 만든다

마지막 한마디가 공간을 정리한다. 회의를 마무리하는 말, 교육을 끝내는 말, 프로젝트를 끝맺는 인사. 그 짧은 말이 남은 사람들의 마음에 오래 남는다.

우리는 종종 그 마지막 한마디 때문에 한 사람을 좋아하게 되고, 다시 함께하고 싶어진다. 나는 늘 회의 끝에 이렇게 말했다. "오늘 여기까지입니다. 서로 덕분에 수고했고, 다음엔 더 단단한 이야기로 만납시다." 정리된 말은 방향을 남기고,

여운은 에너지를 만든다. 특히 리더라면, 마지막 말을 그냥 흘리지 말고, '다음으로 이어질 말'을 남겨야 한다.

마지막 말은 인사이기도 하지만, 사실은 리더의 메시지이자 정렬 도구다. "왜 이 일을 했는지", "무엇이 남았는지", "어디로 가는지"를 담은 한마디. 그 말은 구성원에게 방향을 주고, 의미를 회복시킨다.

한 프로젝트를 끝내며 한 동료에게 말했다. "이번 프로젝트는 당신 덕분에 완성됐습니다. 다음 기회엔 당신이 중심이 되는 그림을 한번 그려봅시다." 그 말 하나가 그 사람을 다음 주인공으로 만들어줬다. 그래서 나는 지금도 이렇게 다짐한다.

말을 아끼되, 마지막 말만은 신중하게. 왜냐하면 마지막 말이 언제나 다음 이야기를 여는 문장이 되기 때문이다.

• 에필로그 •

내가 그은 선 위에,
당신이 새로운 선을 그리기를

1978년, 분필 가루와 펀치 카드가 공존하던 시절이었다. 젊은 전산학도였고, 교육이라는 세계는 아직 아날로그의 숨결로 가득했다. 나에게 주어진 일은 학사 시스템을 구축하는 일이었다. 기술자라는 이름으로 교문을 넘었지만, 곧 깨달았다. 내가 설계해야 할 것은 단순한 프로그램이 아니라, 학습자와 교수자 사이를 잇는 신뢰의 구조라는 것을.

돌이켜보면 처음부터 거창한 비전이 있었던 것은 아니다. 누구보다 앞서고자 했던 욕심도, 리더가 되고자 했던 의지도 없었다. 다만 '누군가는 해야 할 일' 앞에서 외면하지 않았고, 남들보다 반 발짝이라도 먼저 준비하려는 마음을 놓지 않았다. 그렇게 한 해 두 해 시간을 보내다 보니 어느덧 47년이라는 시간이 흘렀다. 이 분야에서 가장 오래 이 일을 해온 사람이 되었고, 후배들은 '에듀테크(이러닝, 사이버교육)의 선구자'라 불러주었다. 감사한 일이지만, 어쩐지 낯설기도 하다. 그저 묵묵히 일한 사람일 뿐이다.

 일을 사랑했고, 교육을 사랑했고, 무엇보다 사람을 놓지 않았다. 교육이란 결국 사람의 일이며, 기술은 그것을 가능케 하는 도구일 뿐이라는 신념은 한순간도 흔들리지 않았다. 새로운 플랫폼을 설계할 때마다 생각했다. '이 시스템이 학습자에게 어떤 감정을 남길까.' '교수자는 이 도구 안에서 존중받고 있을까.' 기술은 진화하지만, 교육은 결국 사람과 사람 사이에서 일어난다는 단순한 진실을 붙들고 살았다.

 돌아보면 내가 만든 것 중 완벽한 것은 하나도 없었다. 오류도, 시행착오도 있었다. 하지만 늘 '한발 앞서 있으려는 마음'만은 놓치지 않으려 했다. 모든 것을 다 준비하고 나서 움직인 적은 없지만, 그럼에도 불구하고, 다음을 상상하면서 오늘을 설계했다. 그렇게 47년을 걸어오면서 알게 되었다. 완벽한 준비는 없다. 대신, 방향만은 잃지 않아야 한다는 것. 방향을 잃지 않으면 흔들리면서도 걸어갈 수 있다.

 내가 만든 플랫폼에서 공부한 수많은 사람들이 지금은 교육 현장에서, 기업에서, 행정의 자리에서, 기술의 최전선에서 각자의 길을 걸어가고 있다. 그들은 가끔 메시지를 보낸다. "선생님

덕분에 그 시절에 공부를 다시 시작할 수 있었습니다." "그 시스템이 없었다면 저는 지금 다른 삶을 살고 있었을 겁니다." 내가 만든 기술이 누군가의 인생을 바꿨다는 말보다 더 큰 보상은 없었다. 그것만으로도 이 길은 충분히 의미 있었다.

가장 큰 고마움은 가족에게 전하고 싶다. 늘 일에 빠져 가족을 소홀히 했지만, 아내는 말없이 내 곁을 지켜줬고, 자식들은 '있으나 마나 한 사람이 되지 말고 세상에서 반드시 필요한 사람이 되어야 한다'는 내 말을 삶으로 증명해주었다. 지금은 그 아이들이 또 아이를 키우며, 삶의 선을 그려가고 있다. 나와는 전혀 다른 시대, 전혀 다른 기술과 언어 속에서 살아가겠지만, 나는 믿는다. 그들에게도 교육은 여전히 사람의 일일 것이라고. 그리고 그들도 누군가의 길이 되어줄 것이라고.

이 책이 한 사람의 회고록으로 남기보다 시대와 시대를 잇는 다리가 되기를 바란다. 내가 걸어온 선이 다음 세대의 출발선이 되기를. 나의 시행착오가 그들에게는 생략된 우회로가 되기를. 더 나은 질문을 하고, 더 깊은 학습을 만들며, 더 따뜻한 기술을 설계하는 이들이 이 책의 독자라면 더 바랄 것이 없다.

좋은 마무리는 다음 사람에게 남기는 유산이다. 나는 선을 그었다. 다음은 당신의 차례다. 전 세대가 시작한 이 길 위에서, 당신이 더 먼 곳까지 이어 달리기를 바란다. 그리고 그 여정 속에서 또 다른 '획'이, 의미 있는 선 하나가 새롭게 그어지기를 소망한다.

  교육은 길을 낸다. 그 길은 늘 질문에서 시작된다. 기술은 진화하겠지만, 교육은 결국 사람이다.

부록 1

걸어온 길

국내외 학술연구 및 발표 활동

최익성

(편집 총괄, 경영학 박사)

이러닝과 교육 혁신의 길을 걷다

곽덕훈 교수의 이름은 한국의 이러닝과 원격 교육 분야에서 하나의 이정표로 자리 잡고 있다. 그의 학술 활동은 단순히 논문과 발표에 그치지 않고, 교육의 디지털 전환을 이끄는 실천적 노력과 국제적 협력의 상징으로 평가받는다. 1990년대 중반부터 2020년대에 이르기까지, 곽 교수는 국내외 무대를 오가며 교육 기술의 발전을 주도해왔다. 이 글에서는 그의 방대한 학술 활동을 되짚으며, 그가 남긴 발자취를 수필의 형태로 풀어보고자 한다.

국제 무대에서 첫걸음을 내딛다

곽덕훈 교수의 학술 여정은 1995년 인도네시아 욕야카르타에서 열린 "21세기를 향한 네트워킹 국제 심포지엄"에서 발표한 논문으로 본격적으로 시작되었다. "The KNOU Distance Learning System With VOD Facilities"라는 제목의 이 논문은 한국방송통신대학교KNOU의 원격 교육 시스템에 비디오 온 디맨드VOD: Video-On-Demand 기술을 접목한 사례를 다루며, 당시로서는 혁신적인 시도를 세계에 알렸다. 이 발표는 단순한 기술 소개를 넘어, 교육의 접근성을 높이고자 하는 그의 비전을 보여주는 첫 걸음이었다.

이후 그는 1998년에는 홍콩 오픈유니버시티에서 열린 제12회 AAOU 콘퍼런스에서 "오디오/비디오 자료를 위한 디지털 도서관 시스템 구축"을 주제로 발표하며, 디지털 콘텐츠의 체계적 관리와 활용 방안을 제시했다. 이러한 초기 활동은 곽 교수가 단순히 한국에 머무르지 않고, 국제적 맥락에서 교육 기술의 가능성을 탐구하려는 의지를 보여준다.

이러닝의 전성기를 열다

2000년대에 접어들며 곽덕훈 교수의 활동은 더욱 활발해졌다. 2000년 인도 뉴델리에서 열린 ICDE 아시아 지역 콘퍼런스에서 그는 "KNOU의 웹 기반 학습과 A/V 디지털 도서관 시스템"을 주제로 발표하며, 디지털 기술이 교육에 미치는 영향을 구체적으로 논의했다. 이 시기는 인터넷의 보급이 본격화되며 이러닝이 주목받기 시작한 때로, 곽 교수는 이 흐름을 선도하는 인물로 자리 잡았다.

2004년 독일 베를린에서 열린 "Online Educa Berlin" 콘퍼런스에서는 "한국의 이러닝 발전과 KNOU 사례"를 발표하며, 한국의 사례를 세계에 소개했다. 그는 기술이 단순히 도구에 그치지 않고, 학습자의 경험을 혁신하는 매개체가 되어야 한다고 강조했다. 2005년에는 인도 뉴델리에서 열린 ICDE 국제 콘퍼런스에서 "한국 고등교육 환경에서의 이러닝 시스템을 위한 학습자 정보 프로파일 모델"을 공동 발표하며, 개인화된 학습의 중요성을 역설했다. 이 논문은 기술과 인간 중심의 교육 설계가 조화를 이루는 방안을 제시하며, 그의 학문적 깊이를 보여주었다.

2006년은 곽 교수의 국제 활동이 절정을 이룬 해였다. 브라질 리우데자네이루에서 열린 제22회 ICDE 세계 콘퍼런스에서 그는 두 개의 주제로 발표에 나섰다. 하나는 "KNOU의 대면 교육 시스템 평가"였고, 다른 하나는 "한국의 이러닝 품질 보증을 위한 국가 마스터 플랜"이었다. 이 두 발표는 원격 교육과 대면 교육의 균형, 그리고 국가 차원의 정책 설계라는 큰 그림을 동시에 다루며, 그의 시야가 얼마나 넓은지를 증명했다. 그리고 2007년 10월, 멕시코에서 열린 "ICDE Distance Education International

Conference"에서 "Development Strategies of Distance Education using e-Learning System with Focus on KNOU" 주제의 발표를 통해 한국의 이러닝 발전 현황을 널리 알렸다.

디지털 학습의 새로운 지평을 열다

2010년대에 들어서며 곽덕훈 교수의 관심은 스마트 러닝과 4차 산업혁명으로 확장되었다. 2015년 피지에서 열린 콘퍼런스에서 그는 "시공미디어(현재는 아이스크림미디어로 바뀜) 기술을 중심으로 한 한국의 스마트 러닝 현황과 서비스"를 발표하며, 민간 기업과의 협력을 통한 교육 혁신을 강조했다. 2017년에는 미얀마 양곤에서 "4차 산업혁명과 한국의 디지털 학습"을 주제로 발표하며, 인공지능과 데이터 기술이 교육에 미칠 영향을 탐구했다. 그리고 2015년 태국 방콕에서 열린 IEC 2015에서의 기조 강연, 2016년도에는 태국 방콕에서 열린 EDUCA에서 기조 강연, IEC 2017에서 기조 강연 등의 활동들이 있었다.

2018년 이집트 카이로에서 열린 콘퍼런스에서는 "디지털 기술이 교육을 혁신하는 새로운 패러다임"을 주제로 시공미디어의 사례를 소개하며, 실질적인 혁신 사례를 세계에 알렸다. 2019년에는 태국 방콕에서 열린 "TCU-IEC Conference"에서 기조 강연, 2022년 제주에서 열린 AAOU 콘퍼런스에서는 "팬데믹 이후 오픈 유니버시티의 EdTech 서비스"를 다루며, 코로나19 이후 교육 환경의 변화를 분석했다. 2023년 서울에서 열린 UNITWIN 행사에서는 "생성형 AI 시대의 EdTech 발전 방향"을 주제로 발표하며, 최신 기술 트렌드에 대한 통찰을 공유했다.

끊임없는 학술 활동을 이어가다

곽덕훈 교수의 국내 학술 활동은 국제 무대에서의 성과 못지않게 인상적이다. 2000년 2월 숭실대학교에서 "사이버교육을 위한 콘텐츠의 개발과 운영"을 주제로 발표하며 국내 학술 활동의 포문을 열었다. 같은 해 3월 전남 담양대학교에서 "대학에서의 사이버교육"을 다루며, 고등교육에서의 디지털 전환을 논의했다. 이러한 초기 활동은 한국의 대학들이 디지털 교육으로 나아가는 데 중요한 밑거름이 되었다.

2001년에는 전국 대학 사이버교육 기관 협의회가 주최하는 국내 학회에서 활발히 활동하며, "사이버교육 현황과 발전 전략(대학 교육을 중심으로)"과 같은 주제로 발표를 이어갔다. 2002년에는 교육학술정보원에서 "교육정보기술 표준화 동향"을 발표하며 기술 표준의 중요성을 강조했다. 2006년에는 청주대학교에서 "이러닝의 국제화 동향과 국내 이러닝 발전 방향"을 다루며, 글로벌 트렌드를 국내에 접목하려는 노력을 기울였다.

2012년은 그의 국내 활동이 특히 두드러진 해였다. 서울사이버대학교, 부산교육청, 경기도교육청 등 다양한 기관에서 "스마트 러닝"과 "정보화 환경"을 주제로 발표하며, 교육 현장의 목소리에 귀 기울였다. 2014년에는 서울교육대학교에서 "지식 창조 시대: 교육 환경의 변화"를 주제로 발표하며, 디지털 러닝이 단순한 기술 도입을 넘어 교육 철학의 전환을 요구한다고 역설했다.

2023년에는 부산디지털대학교에서 "생성형 AI 시대 고등교육의 발전 방향(에듀테크와 원격대학을 중심으로)" 주제의 발표와 원격대학협의회 주최의 워크숍에서 "고등교육에서 에듀테크의 발전 방향(생성형 AI를 중심으로)"의 주제발표를 이어가며, 여전히 현역으로 활동 중임을 보여주었다. 그의 국내 활동은 대학, 교육청, 공공기관을 아우르며, 한국 교육의 디지털화를 실질적으로 이끄는 데 기여했다. 최근인 2025년 4월에는 한국원격대학협의회의 주관으로 개되된 사이버대학총장 회의에서 "사이버대학교의 글로벌 발전 전략"을 주제로 발표하여 총장들에게 미래 발전 전략에 관한 인사이트를 제공하는 등 2000년 이후 현재까지 에듀테크(이러닝, 사이버교육, 원격 교육 등) 관련하여 161번의 발표를 통해 우리나라 에듀테크의 현황을 알리고 발전 방향을 제시하는 데 최선의 노력을 기울였다.

교육 혁신을 향한 헌신

곽덕훈 교수의 학술 활동을 돌아보며 놀라운 점은 그의 일관된 주제 의식이다. 초기 VOD 시스템에서부터 생성형 AI에 이르기까지, 그는 늘 기술이 교육의 본질―즉, 학습자의 성장과 사회적 기여―을 어떻게 뒷받침할 수 있는지에 주목했다. 국제 무대에서는 한국의 사례를 세계에 알렸고, 국내에서는 글로벌 트렌드를 현장에 적용하려 했다.

그의 발표는 단순히 학문적 성과를 과시하는 데 그치지 않았다. 예를 들어, 2007년 이집트 카이로에서 열린 콘퍼런스에서의 "KNOU 중심의 이러닝 발전 전략" 발표는 실무자와 정책 입안자 모두에게 실질적인 통찰을 제공했다. 마찬가지로, 2017년 태국 방콕에서 다룬 "4차 산업혁명과 교육 혁신"은 기술의 미래를 교육에 접목하는 구체적인 방안을 제시하며, 청중에게 영감을 주었다.

● 주요 경력

2025.6.~	현재 한국열린사이버대학교(OCU) 석좌교수
2025.2.~	현재 한국방송통신대학교 고등평생교육발전위원회 위원
2024.3.~	현재 한국에듀테크학회 고문
2022.10.~	현재 DX데이터교육협회 고문
2019.7.~2021.6.	YTN 사이언스 시청자위원회 위원장
2017.4.~2019.3.	과학기술정보통신부 5G 전략추진위원회 위원
2017.4.~2019.4.	중앙대학교 SW중심대학 산학자문위원회 위원
2017.3.~2019.8.	에듀테크포럼 공동위원장
2017.3.~2024.12	한국화학융합시험연구원 인력양성사업 운영위원
2017.2.~	현재 도산아카데미 자문위원
2018.4.~2019.3.	소프트웨어정책연구소 자문위원
2017.10.~2019.4.	판교미래포럼 회장
2017.8.~2018.8.	성결대학교 SKUniverCity 특화추진 자문위원
2017.7.~2018.8.	2018년 국제전기기술위원회(IEC)총회 준비위원
2016.1.~2017.12.	대한민국평생교육진흥재단 평생학습타임즈 고문
2015.11.~2017.10.	한국외국어대학교 미래위원회 위원
2015.6.~2017.6.	열린사이버대학교 발전 자문위원
2015.3.~2017.2.	(사)차세대융합콘텐츠산업협회 부회장
2013.5.~2015.12.	YTN 사이언스TV 경영성과평가단장
2013.5.~2014.4.	한국교육개발원 기관발전자문위원회 위원
2013.4.~2023.12.	한국장학재단 사회리더 대학생멘토링 멘토
2013.2.~2024.3.	(주)아이스크림미디어 부회장

2013.2.~	현재 한국방송통신대학교 컴퓨터과학과 명예교수
2013.2.~2015.12.	정보통신산업진흥원 이러닝산업표준위원장
2012.8.~2016.3.	사단법인 스마트엔젤스운동본부 이사
2012.8.~2014.7.	국가평생교육진흥원 학점인정심의위원회 위원
2012.2.~2012.12.	교육과학기술부 미래인재포럼 위원
2011.4.~2012.8.	스마트엔젤스코리아운동협의회 공동의장
2011.3.~2017.3.	스마트러닝포럼 의장
2010.5.~2012.11.	한국방송협회 부회장
2009.11.~2019.8.	이러닝학회 회장
2009.10.~2012.11.	한국교육방송공사(EBS) 사장
2009.3.~2009.10.	유네스코한국위원회 교육분과 위원
2008.8.~2009.3.	유네스코한국위원회 정보커뮤니케이션분과 위원
2008.8.~2009.7.	한국정보문화진흥원 정보격차해소백서편찬 위원
2008.7.~2009.6.	문화체육관광부 기능성게임포럼 위원
2008.6.~2009.10.	한국정보화진흥원 국가정보화백서편찬 위원
2008.6.~2009.10.	한국교육학술정보원(KERIS) 원장
2008.4.~2008.6.	(사)이러닝산업협회 2008 이러닝엑스포준비위원장
2008.1.~2008.12	전국대학사이버교육기관협의회 고문
2007.11.~2007.12.	교육인적자원부 대학이러닝지원센터 평가위원장
2007.7.~2008.6.	노동부 직업능력전문가포럼 위원
2007.6.~2008.6	한국교육학술정보원 표준개발위원회 위원장
2007.5.~2008.6.	교육과학기술부 교육정보화정책포럼 위원
2007.5.~2007.12.	교육인적자원부 대학정보화 정책자문위원회 위원장

2007.5.~2007.8.	교육인적자원부 2007 원격대학종합평가위원회 위원장
2007.2.~2008.12.	평생교육진흥원 독학학위 컴퓨터과학분과위원회 대표위원
2007.1.~2007.12.	한국정보과학회 부회장(기획담당) 한국정보과학회 초·중·고 컴퓨터교육체계 개선위원회 위원장
2006.5.~2008.6.	한국전자거래진흥원 이러닝품질인증위원회 위원장
2006.5.~2008.4.	교육인적자원부 이러닝국제협력단 운영위원, 교육인적자원정책평가위원회 정보화소위 위원장
2006.1.~2008.6.	(사)이러닝산업협회 정책자문위원장
2005.11.~2007.12.	국무조정실 이러닝산업발전위원회 위원
2005.10.~2006.12.	한국교육학술정보원 이러닝질관리자문위원회 위원
2005.7.~2005.12.	한국직업능력개발원 2005 인터넷통신훈련기관평가 위원장
2005.7.~2007.6.	한국영상자료원 자문위원
2005.6.~2006.6	교육인적자원부 이러닝정책포럼 위원
2005.5.~2008.6	EBS 방송교육자문위원회 위원
2005.3.~2007.2.	한국방송통신대학교 인천지역대학 학장
2004.10.~2004.12.	한국대학교육협의회 대학종합평가위원
2004.8.~2008.6.	한국IT렌탈산업협회 ASP 인증위원장
2003.10.~2005.10.	중앙공무원교육원 공무원사이버교육자문위원회 위원장
2003.4.~2004.4.	교육인적자원부 열린교육정보화정책포럼 전문위원
2003.3.~2004.9.	한국가상캠퍼스연합 위원장
2002.10.~2004.9.	한국방송통신대학교 교무처장, 정보화추진위원장
2002.7.~2003.6.	한국전자거래진흥원 이러닝콘텐츠표준화포럼 회장
2002.6.~2021.12	국가기술표준원 교육정보표준화 전문위원회위원장
2002.3.~2003.3.	교육인적자원부 정책자문위원회 위원

2002.1.~2018.5.	도산아카데미 스마트사회지도자포럼 회장
2001.10.~2003.12.	한국정보통신사업협회 ASP사업보급확산사업추진위원
2001.6.~2003.5.	한국직업능력개발원 전문가 모니터 위원
2001.3.~2007.10.	전국대학사이버교육기관협의회 고문
2000.7.~2002.4.	교육인적자원부 원격대학설치심사위원장
1999.9.~2001.11.	정보통신사이버대학협의회(16개대학연합) 회장
1995.12~1998.9.	한국방송통신대학교 교육매체개발연구소 소장
1995.1.~1995.12.	한국정보과학회 학회지편집위원회 부위원장
1994.5.~1995.4.	Indiana Univ.at Bloomington 방문교수
1991.3.~1994.3.	한국방송통신대학교 출판부장
1983.6.~1990.7.	한국방송통신대학교 전자계산소 소장
1983.1.~2013.1.	한국방송통신대학교 컴퓨터과학과 교수
1978.3.~1983.1.	단국대학교 전산교육원 차장
1976.3.~1978.2.	제일은행 사무개선부(전산센터) 행원
1972.6.~1975.1.	육군만기제대(군번: 12270900)

● 표창 수상 내역

2019.11.6.	도산인상 도산교육상 수상
2013.8.31.	근정포장(국민교육발전에 기여한 공로포상)
2013.2.6.	은탑산업훈장(디지털방송전환 공로포상)
2012.10.6.	제21회 소충.사선문화상 대상 수상(소충.사선 문화제전위원회)
2012.6.2.	제7회 윤동주평화상 교육부문(윤동주문학사상선양회)
2012.2.8.	밝은사회클럽 평화봉사대상 언론봉사부문(밝은사회클럽 국제본부)
2011.7.20.	몽골정부의 "교육최고훈장"(몽골 교육문화과학부)

2009.11.18.	한국IT서비스학회 공로상(한국IT서비스학회)
2008.7.1.	한국정보과학회 공로상(한국정보과학회)
2006.11.10.	한국정보처리학회 공로상(한국정보처리학회)
2005.11.10.	산업자원부 e-비지니스(이러닝) 유공자 대통령 표창 수상(행정자치부)
2004.3.10.	노동부 직업훈련기관평가 유공자 노동부장관 표창 수상(노동부)
2003.4.18.	한국가상캠퍼스 Best Teacher상 수상(한국가상캠퍼스)
2000.12.30.	정보인력양성 유공자 정보통신부장관 표창 수상(정보통신부)
1997.6.16.	정보화 유공자 대통령표창 수상(총무처)

● 저술 내역

2014.1.	C 프로그래밍 /한국방송통신대학교출판문화원
2008.1.	유비쿼터스의 이해 /이한출판사
2007.11.	멀티미디어의 이해 /이한출판사
2006.1.	컴퓨터의 이해 /한국방송대 출판부
2004.7.	컴퓨터과학총론 /홍릉과학출판사
2004.1.	멀티미디어시스템 /이한출판사
2003.1.	쉽고 빠르게 배우는 인터넷 활용 /영진출판사
2002.1.	시스템프로그래밍 /한국방송대 출판부
2001.1.	소프트웨어공학 /한국방송대 출판부
2000.3.	컴퓨터과학 총론 /홍릉과학출판사
2000.2.	밀레니엄 인터넷 활용 /영진출판사
1996.7.	컴퓨터과학 총론 /한국방송대 출판부
1993.1.	시스템 프로그래밍 /한국방송대 출판부
1992.7.	운영체제 /한국방송대 출판부

1991.7.		컴퓨터개론 /한국방송대 출판부
1990.7.		컴퓨터 프로그래밍 연습 I /한국방송대 출판부
1989.4.		UNIX SYSTEM & 프로그래밍 /집문당
1989.3.		RM/COBOL 프로그래밍 /교학사
1984.7.		COBOL 프로그래밍 언어 /한국방송대 출판부
1984.1.		컴퓨터 프로그래밍 /한국방송대 출판부
1983.7.		컴퓨터 개론 /한국방송대 출판부

부록 2
편집을 마치며

한 걸음 앞을 걷는 사람

최익성
(편집 총괄, 경영학 박사)

바람은 살랑이고 봄 햇살이 따사로운 어느 날, 곽덕훈 박사님을 처음 뵈었다. 아프셨다는데 혹시 피곤해하시면 어쩌지? 이력이 어마어마한데 자기 자랑만 청산유수이면 어쩌지? 연세가 있으신데 꼬장꼬장하면 어쩌지?

모르는 분을 만나러 갈 때마다 늘 그렇듯이, 내 안에 쓸데없는 가설들을 몇 개 품고 있었다. 심지어 첫 대화를 4시간이나 잡아두었는데, 시간이 안 가면 어쩌나 싶기도 했다. 하지만 그건 정말 쓸데없는 걱정이었다.

정말이지 '시간 가는 줄 몰랐다'라는 말은 이런 때 쓰는 말이었다. 그가 건넨 이야기는 오래된 과거였지만 전혀 낡지 않았고, 익숙한 풍경 같으면서도 전혀 낯선 리듬이었다.

1980년대 초, 방송대의 전산실에서 시작된 이야기, 미국 인디애나대학의 한 강의실에서 느꼈던 충격, 영국의 시범 초등학교를 방문했을 때 수많은 다문화 학생들이 팀을 나누어 서로 토론하여 결론에 접근하는 과정 속에서 선생님이 팀들을 돌아가며 조언을 해주는 장면은 한국의 교실에서는 도무지 볼 수 없는 수업이었다.

그 모든 장면은 단지 일화가 아니었다. 그의 태도와 철학, 진심이 고스란히 배어 있는 하나의 작은 우주였다.

그는 다정한 사람이었다. 자기 얘기를 하면서도 늘 '그때 함께 했던 사람들'을 먼저 떠올렸다.

'그 교수님이 아니었으면 내가 못 했어요', '그 친구가 자료를 끝까지 지켰지요', '사실 그때도 내가 배운 게 더 많았지요.' 어떤 이야기를 꺼내도 주인공은 결국 그가 아니었다. 이 이야기를 기록으로 남긴다면 반드시 '사람에 대한 책'이 되어야겠다고 마음먹게 만든 순간이었다.

한편으론 정갈한 사람이었다. 일에 대해서 말할 때 그는 느슨하지 않았고, 인생을 말할 때도 흐릿하지 않았다. 그는 정리를 잘하는 사람이었고, 정리를 끝내야 다음을 시작할 수 있다고 믿는 사람이었다. "기술이 중요하지만, 마음이 먼저 준비되어야 합니다", "콘텐츠보다 태도입니다", "다 아는 얘기 같지만, 다 알지는 않더라고요"와 같은 그의 말은 메모로 남기지 않으면 안 되는 단단한 문장들이었다.

그의 글을 읽고, 교정하고, 교열하고, 윤문하면서 여러 번 웃었고, 몇 번은 멈춰서 깊은숨을 내쉬었다. 그가 마주했던 실패와 불신, 그리고 그걸 지나치는 방식은 단순한 노하우가 아니었다. 그건 진심이었다. 일을 대하는 태도, 사람을 바라보는 시선, 기술을 다루는 손끝까지 한결같이 사람 중심이었다.

진정성, 진실성, 성실성.

이 세 단어는 이 책 전체를 관통하는 키워드다.

그는 진정성 없이 일하지 않았고, 진실성 없이 말하지 않았으며, 성실함 없이 준비하지 않았다.

그런 사람은 흔치 않다. 지식을 가진 이는 많지만, 삶을 정제한 사람은 드물다. 그는 이 모든 것을 묵묵히 해낸 사람이었다.

이 책은 단지 곽덕훈 박사의 경력을 소개하거나 업적을 나열하려는 목적이 아니다. 이 책은 한 사람이 '일을 어떻게 견뎠는가', '무엇을 놓치지 않았는가', 그리고 '어떻게 다음 세대를 응원하는가'에 대한 기록이다.

기술은 빠르게 진화하지만, 태도는 시간을 견딘다. 우리가 배워야 할 것은 빠름이 아니라 견딤이며, 요령이 아니라 마음이다. 그는 그 모든 것을 보여준 사람이었다.

그래서 이 책은 그가 걸어온 길의 기록인 동시에, 앞으로 이 길을 걷게 될 수많은 사람에게 건네는 조용한 이정표다. 모두가 데이터를 말할 때, 그는 '그 데이터를 기다리는 사람'을 먼저 떠올렸다. 모두가 기술을 논할 때, 그는 '그 기술을 이해할 수 있을까 걱정하는 어르신'을 먼저 떠올렸다.

그가 이룬 것보다 더 귀한 건 그가 잃지 않은 마음이었다. 그 마음을 이 책으로 옮기며, 어느새 스스로 배우고 있었다. 진심은 기록을 타고 전해진다. 정성은 언어의 결을 남긴다. 그리고 감동은 다 끝났을 때 오는 게 아니라, 쓰는 동안 내내 어딘가에서 조용히 자라고 있었다.

이 글을 쓸 수 있어서 감사하다. 한 사람의 삶을 문장으로 다시 짚는 일이 얼마나 귀한 일인지 다시금 느꼈다. 단지 쓰는 것이 아니라 닮아가게 되는 작업이었다. 그런 글은 편집자가 아니라, 감사하는 마음으로 쓰는 사람이어야 가능하다고 믿는다. 그래서 마지막으로 그를 위한 헌정시 한 편을 남기려 한다. 이 모든 이야기를 한 문장으로 정리할 수 없으니, 그저 가만히, 그의 삶이 향기처럼 남기를 바라는 마음으로.

시대의 어른을 나는 안다

교실을 넘은 교육
기술을 넘은 진심
그 일을 해낸 사람을 나는 안다.

화면을 통해 사람을 품고
데이터 속에서도 눈빛을 기억하는 사람
기계보다 사람을 먼저 믿는 사람

그는
한 칸 앞에서 예습하고
한 걸음 뒤에서 응원했다.

선을 그었고
다음 선을 기다리는 이들을 위해
나침반을 들고 앞에 섰다.

진정, 진실, 성실을
삶과 배움의 기준으로 생각하는 어른

그는 진정한 시대의 어른이다.

— 최익성(편집 총괄, 경영학 박사)

획劃: 교육의 미래를 그리다
에듀테크, 47년의 여정과 그 너머

초판 1쇄 펴낸날 2025년 6월 24일

지은이 곽덕훈
펴낸이 허주환, 현준우

진행 플랜비디자인

펴낸곳 (주)아이스크림미디어
출판등록 2007년 3월 3일(제2011-000095호)
주소 13494 경기도 성남시 분당구 판교역로 225-20(삼평동)
전화 031-785-8988
팩스 02-6280-5222
홈페이지 www.i-screammedia.com

ISBN 979-11-5929-382-5 (03370)

© 곽덕훈 2025

- 이 책은 저작권법에 의하여 보호를 받는 저작물이므로 무단 전재와 복제를 금합니다.
  내용의 일부 또는 전체를 사용하려면 저작권자와 (주)아이스크림미디어 모두의 동의를 받아야 합니다.
- 잘못 만들어진 책은 구입처에서 교환해드립니다.
- 책값은 뒤표지에 있습니다.